del Dalai Lama

nella collezione Oscar

L'arte della felicità (con Howard C. Cutler)
L'arte della felicità sul lavoro (con Howard C. Cutler)
Conosci te stesso
I consigli del cuore
Le emozioni che fanno guarire (a cura di Daniel Goleman)
Emozioni distruttive (con Daniel Goleman)
Incontro con Gesù
Lungo il sentiero dell'illuminazione
Il nostro bisogno d'amore
OM. 365 meditazioni quotidiane del Dalai Lama
Salvare il domani
Samsāra
I sentieri della sapienza e dell'incanto (con Jeffrey Hopkins)
La strada che porta al vero
Trasformare la mente
Verso il Nirvana
La via del buddhismo tibetano
La via dell'amore

Dalai Lama

CONOSCI TE STESSO

A cura di Jeffrey Hopkins
Traduzione di Roberto Cagliero

OSCAR MONDADORI

Copyright © 2006 by His Holiness the Dalai Lama
Traduzione dal tibetano in inglese di Jeffrey Hopkins, Ph.D.
Titolo originale dell'opera: *How to See Yourself As You Really Are*
© 2009 Arnoldo Mondadori Editore S.p.A., Milano

I edizione Saggi marzo 2009
I edizione Oscar spiritualità marzo 2010

ISBN 978-88-04-59718-6

Questo volume è stato stampato
presso Mondadori Printing S.p.A.
Stabilimento NSM - Cles (TN)
Stampato in Italia. Printed in Italy

Indice

VII   *Prefazione*
      di Jeffrey Hopkins

3   *Introduzione*
    Il mio punto di vista

    Parte prima
    LA NECESSITÀ DELL'INTUIZIONE

21   I Porre le basi per sviluppare l'intuizione
24   II Scoprire la fonte dei problemi
29   III Perché è necessario capire la verità

    Parte seconda
    COME ELIMINARE L'IGNORANZA

37   IV Sentire l'impatto dell'interrelazione
44   V Comprendere la logica del sorgere-dipendente
48   VI Vedere l'interdipendenza dei fenomeni
52   VII Valutare il sorgere-dipendente e la vacuità

    Parte terza
    INDIRIZZARE LA FORZA DELLA CONCENTRAZIONE
    E DELL'INTUIZIONE

61   VIII Focalizzare la mente
72   IX Preparare la mente a meditare

Parte quarta
COME PORRE FINE ALL'AUTOINGANNO

- 87 X Meditare innanzitutto su di sé
- 89 XI Comprendere che non si esiste di per sé
- 96 XII Determinare le scelte
- 98 XIII Analizzare l'unità
- 102 XIV Analizzare la differenza
- 104 XV Giungere a una conclusione
- 109 XVI Saggiare la propria comprensione
- 115 XVII Estendere questa intuizione a ciò che si possiede
- 117 XVIII Equilibrare la calma e l'intuizione

Parte quinta
COME LE COSE E LE PERSONE ESISTONO NELLA REALTÀ

- 123 XIX Vedersi come un'illusione
- 129 XX Constatare che tutto dipende dal pensiero

Parte sesta
RENDERE PIÙ PROFONDO L'AMORE CON L'INTUIZIONE

- 139 XXI Provare empatia
- 145 XXII Riflettere sull'impermanenza
- 154 XXIII Lasciarsi assorbire dall'amore ultimo

Appendice
- 163 Riepilogo delle meditazioni

- 189 *Letture consigliate*

Prefazione

Questo libro di Sua Santità il Dalai Lama trae origine da una nozione fondamentale del buddhismo, per cui l'amore e l'intuizione agiscono congiuntamente, come le ali di un uccello, per condurre all'illuminazione. Il tema di fondo è che la conoscenza di sé costituisce la chiave per lo sviluppo personale e per le relazioni positive. Il Dalai Lama ci mostra come, in assenza di una vera conoscenza di sé, ci facciamo del male a causa di una concezione fuorviante ed esagerata del se, degli altri, degli eventi esterni e delle cose materiali. Anche i nostri sensi ci ingannano, stimolando in noi quell'attaccamento e quelle azioni negative che possono solo tornare a tormentarci in futuro. Il libro illustra nel dettaglio come superare questi errori per vivere a partire da una conoscenza realistica della nostra salutare interdipendenza.

La prima parte del volume spiega come sollevare, al pari di un velo, l'aspetto ingannevole della nostra esperienza; altri approcci, per esempio l'eliminazione della bramosia e dell'odio, possono essere utili, ma non toccano il problema di fondo. Dirigendo l'attenzione sulla falsa apparenza che confonde i nostri sensi e i nostri pensieri, Sua Santità pone le basi per scoprire la realtà dietro le apparenze. La nostra tacita accettazione delle cose così come sembrano è chiamata ignoranza, che non è una semplice mancanza di conoscenza del modo in cui le cose e le persone esistono, ma è un fraintendimento attivo della loro natura fondamentale. La vera conoscenza di sé implica portare alla luce e affrontare le concezioni erronee sul nostro conto. L'obiettivo, in questo caso, è scoprire qual è la ragione dei nostri problemi e, quindi, imparare come intervenire per eliminare alla radice le idee controproducenti.

La psicologia buddhista è nota per le sue dettagliate descrizioni del funzionamento della mente e Sua Santità si serve pragmaticamente di tali intuizioni per aiutare i lettori a riconoscere questi processi attraverso la loro personale esperienza. Il suo assunto centrale è che la nostra percezione distorta della mente e del corpo porta a errori disastrosi, che vanno dalla bramosia, a un estremo, all'odio furibondo, all'altro estremo, così da metterci costantemente in difficoltà come se qualcuno ci tirasse per un anello infilato nel naso. Sviluppando una comprensione intuitiva di tali processi possiamo liberare noi stessi e le persone intorno a noi da infiniti scenari di dolore.

La prima parte del libro, dunque, fornisce, passo dopo passo, esercizi per sviluppare la nostra capacità di riconoscere la differenza fra come appariamo a noi stessi e come siamo davvero. Dopo che abbiamo riconosciuto i nostri presupposti errati per quello che sono, la seconda parte del libro ci spiega come eliminarli. Gli strumenti usati per realizzare tale trasformazione sono le famose riflessioni buddhiste per indagare sulle apparenze, che il Dalai Lama illustra sulla base delle sue esperienze. Sua Santità guida il lettore attraverso una serie di esercizi pratici volti ad aiutarci ad abbandonare le illusioni che abbiamo sovrapposto a ciò che realmente esiste e a insegnarci come agire nel mondo a partire da un contesto più realistico. Ciò richiede di valutare l'interdipendenza di tutte le cose e di apprezzare l'intreccio delle nostre relazioni per il significativo contributo che dà alla nostra vita.

La terza parte del libro spiega come imbrigliare la forza della concentrazione meditativa con l'intuizione, per arrivare a immergerci nella nostra natura più profonda ed eliminare così i nostri problemi alla radice. La quarta e la quinta parte trattano del modo in cui le cose e le persone esistono davvero, in quanto esse non esistono così come noi crediamo. Il Dalai Lama porta il lettore a notare come tutto dipenda dal pensiero e a capire che il pensiero organizza ogni cosa che percepiamo. Il suo obiettivo è sviluppare in noi una chiara sensazione di che cosa significa esistere senza fraintendimenti. L'ultima parte del libro, infine, spiega come questo stato profondo dell'essere accresca l'amore, rivelando l'inutilità delle emozioni distruttive e della sofferenza. Così la conoscenza di sé diventa la chiave dello sviluppo personale e delle relazioni positive. Dopo aver imparato a mettere l'intuizione al servizio dell'amore e l'amore al servizio dell'intuizione, arriviamo all'appendice del libro, una panoramica delle fasi che portano all'illuminazione altruistica.

Questo volume è una dimostrazione del contributo del Tibet alla cultura mondiale e ci ricorda l'importanza di avere una patria dove conservarlo. La luce che emana dagli insegnamenti del Dalai Lama proviene da quella cultura, offrendo visioni e pratiche di cui, nella nostra cultura, tanti di noi hanno bisogno.

Jeffrey Hopkins
Professore di Studi tibetani
University of Virginia, Stati Uniti

Conosci te stesso

Introduzione
Il mio punto di vista

Quando al mattino appena alzati ascoltiamo le notizie o leggiamo il giornale, ci aspettano sempre le stesse storie tristi di violenza, di guerre e di disastri. Evidentemente, neppure in epoca moderna il bene prezioso della vita è al sicuro: non riesco a ricordare un singolo notiziario che non riferisse di qualche crimine. Ormai le cattive notizie e la consapevolezza della paura e della tensione sono così pressanti che ogni essere sensibile e compassionevole deve mettere in discussione il «progresso» compiuto dal nostro mondo moderno.

Per ironia della sorte, i problemi più gravi arrivano dalle società industrialmente avanzate, dove livelli di istruzione senza precedenti sembrano avere incrementato inquietudine e scontento. Non ci sono dubbi sui progressi compiuti collettivamente in vari settori, soprattutto nella scienza e nella tecnologia, ma l'avanzamento nel campo della conoscenza è in qualche modo insufficiente. I problemi umani di fondo rimangono. Non siamo riusciti a portare la pace né a ridurre il livello generale di sofferenza.

Questa situazione mi porta a concludere che forse c'è qualcosa di profondamente sbagliato nel modo in cui gestiamo le nostre vicende e che se ciò non viene risolto in tempo, potrebbe avere conseguenze disastrose per il futuro dell'uomo. La scienza e la tecnologia hanno dato un enorme contributo allo sviluppo dell'umanità, al nostro benessere materiale e alla comprensione del mondo in cui viviamo. Tuttavia, se enfatizziamo troppo tali risultati rischiamo di perdere quegli aspetti della conoscenza umana che contribuiscono allo sviluppo di una personalità onesta e altruistica.

La scienza e la tecnologia non possono sostituire gli antichi valori spirituali, in gran parte responsabili del vero progresso della civiltà mondiale così come la conosciamo oggi. Sebbene nessuno possa negare i benefici materiali della vita moderna, dobbiamo tuttora affrontare sofferenze, paura e tensione, forse in misura maggiore rispetto al passato. È quindi assolutamente ragionevole tentare di raggiungere un equilibrio tra sviluppo materiale e sviluppo di valori spirituali. Se vogliamo attuare un cambiamento forte, dobbiamo recuperare e rafforzare i nostri valori interiori.

Mi auguro che tu, lettore, condivida la mia preoccupazione per la crisi morale che il mondo sta attualmente attraversando e che ti unisca a me nel fare appello a tutti coloro che, credendo nei fini umanitari e nelle pratiche religiose, condividono l'obiettivo di rendere le nostre società più compassionevoli, giuste ed eque. Lo dico non come buddhista o come tibetano, ma semplicemente come essere umano. Inoltre parlo non da esperto di politica internazionale (anche se finisco inevitabilmente per esprimermi su questo tema), ma in qualità di esponente della tradizione buddhista che, come le tradizioni di altre grandi religioni del mondo, si fonda su un atteggiamento di attenzione per tutti gli esseri. Sotto questo profilo, voglio condividere con te le seguenti convinzioni:

1. Per risolvere i problemi globali è indispensabile un'attenzione universale.
2. L'amore e la compassione sono i pilastri della pace mondiale.
3. Tutte le religioni cercano di promuovere la pace mondiale, così come fanno tutte le persone dotate di spirito umanitario, a prescindere dall'ideologia.
4. Ogni individuo ha la responsabilità di modellare le istituzioni perché si mettano al servizio dei bisogni del mondo.

Consideriamo i punti appena esposti a uno a uno.

Per risolvere i problemi globali è indispensabile un'attenzione universale

Dei molti problemi che ci troviamo ad affrontare al giorno d'oggi, alcuni sono calamità naturali che vanno accettate e fronteggiate con serenità. Altri, invece, sono creati da noi con l'incomprensione, e possono essere risolti. Uno di questi problemi nasce dal conflitto ideologico, politico o religioso, allorché gli individui si combattono a vicenda per le loro convinzioni, perdendo di vista l'appartenenza fondamentale all'umanità, che ci tiene uniti come un'unica famiglia di esseri umani. Dobbiamo ricordare che le religioni, le ideologie e i diversi sistemi politici del mondo sono sorti per contribuire al raggiungimento della felicità da parte degli uomini.

Il più grande pericolo che minaccia tutti gli esseri umani sul nostro pianeta è quello della distruzione nucleare. Non è necessario che mi dilunghi su questo punto, ma desidero fare appello ai leader delle potenze nucleari che hanno letteralmente in mano il futuro del mondo, ai tecnici e agli scienziati che continuano a creare queste terribili armi di distruzione, e a tutte le persone in genere, affinché imbocchino la strada sensata del disarmo. Sappiamo che, in caso di conflitto nucleare, non ci saranno vincitori poiché non ci saranno sopravvissuti! Non è spaventoso anche solo contemplare la possibilità di una distruzione così disumana e spietata? Non è forse logico eliminare la causa potenziale della nostra distruzione, una volta che l'abbiamo riconosciuta? Spesso non riusciamo a risolvere un problema perché non ne conosciamo la causa, oppure perché non abbiamo i mezzi o il tempo per eliminarlo. Ma nel caso della minaccia nucleare le cose non stanno così.

Che appartengano a una specie più evoluta, come gli uomini, o a quelle più semplici, come gli animali, tutti gli esseri vogliono la pace, la tranquillità e la sicurezza. La vita è altrettanto cara all'animale muto e all'essere umano; anche il più semplice insetto lotta per proteggersi dai pericoli che minacciano la sua esistenza. Come ognuno di noi, ogni altra creatura vuole vivere e desidera non morire, sebbene non tutti abbiano la stessa forza per raggiungere tale obiettivo.

Parlando in generale, esistono due tipi di felicità e di sofferenza: quella mentale e quella fisica. Poiché ritengo che la sofferenza e la felicità mentali esercitino una maggiore influenza rispetto ai loro corrispettivi fisici, tendo a sottolineare la necessità di addestrare la mente per gestire la sofferenza e per ottenere uno stato più duraturo di felicità. La felicità è una combinazione di pace interiore, disponibilità economiche e, soprattutto, pace mondiale. Per raggiungere questi obiettivi credo che sia necessario sviluppare un senso di responsabilità universale, un'attenzione profonda per tutti indipendentemente dal credo, dal colore, dal sesso, dalla nazionalità o dal gruppo etnico di appartenenza.

La premessa che sta alla base della responsabilità universale è il semplice fatto che noi tutti vogliamo la stessa cosa. Ogni essere vuole la felicità e non vuole la sofferenza. Se non rispettiamo un simile dato di fatto, su questo pianeta la sofferenza aumenterà sempre di più. Se adottiamo un atteggiamento egoistico nei confronti dell'esistenza e cerchiamo costantemente di servirci degli altri per il nostro interesse, potremo ricavarne benefici effimeri ma, a lungo andare, la felicità personale e la pace mondiale si riveleranno definitivamente irraggiungibili.

Nella loro ricerca della felicità gli esseri umani hanno usato metodi diversi, troppo spesso aggressivi e insensibili. Comportandosi in modo assolutamente inaccettabile per degli esseri umani, le persone commettono crudeltà inaudite, infliggendo sofferenze ad altri con l'unico scopo di trarne beneficio per sé. Alla fine azioni così miopi portano solo sofferenza, a noi e agli altri. Nascere come esseri umani è di per sé un evento straordinario ed è saggio sfruttare una simile opportunità nel modo più proficuo. Dobbiamo tenere presente che vogliamo tutti la stessa cosa, affinché non si cerchi la felicità o la gloria a spese di altri.

Tutto ciò richiede un approccio compassionevole ai problemi globali. Globalizzazione significa che il mondo sta diventando rapidamente più piccolo e più interdipendente a causa della tecnologia e del commercio internazionale. Ne consegue che abbiamo ancora più bisogno gli uni degli altri. Nei tempi antichi i problemi erano perlopiù al livello della famiglia e a quel livello potevano essere affrontati, ma la situazione è cambiata. Oggi i problemi di uno Stato non possono più essere risolti in modo soddisfacente con un intervento interno; troppe cose dipendono dagli interessi, dagli atteggiamenti e dalla collaborazione di altri Stati. Un approccio universale ai problemi mondiali è l'unica base solida per una pace mondiale. Siamo collegati in modo così stretto gli uni agli altri che, senza un sentimento di responsabilità universale, una consapevolezza della nostra appartenenza a un'unica grande famiglia umana, non possiamo sperare di eliminare i pericoli che costellano la nostra esistenza, per non parlare poi della possibilità di portare pace e felicità.

Che cosa implica tutto ciò? Una volta riconosciuto che tutti gli esseri aspirano alla felicità e non vogliono la sofferenza, perseguire la nostra felicità, dimenticando sentimenti e aspirazioni di tutti gli altri membri della famiglia umana alla quale apparteniamo, diventa moralmente sbagliato e al tempo stesso poco saggio sotto il profilo pratico. Tenere in considerazione gli altri mentre si va alla ricerca della felicità porta a quello che definisco un «interesse personale saggio», che auspicabilmente si trasformerà in un «interesse personale soggetto a compromessi» o, meglio ancora, in un «interesse reciproco». Alcune persone ritengono che coltivare la compassione sia utile agli altri, ma non necessariamente a sé. Si sbagliano. Sei tu che trai più direttamente beneficio dalla compassione, perché essa infonde subito in te un senso di calma (alcuni ricercatori in campo medico hanno recentemente dimostrato nei loro studi scientifici che una mente calma è essenziale alla buona salute), forza interiore, fiducia e soddisfazione profonde, mentre non è detto che l'oggetto del tuo sentimento di compassione ne tragga beneficio. L'amore e la compassione aprono il cammino alla nostra vita interiore riducendo lo stress, la sfiducia e la solitudine. Concordo con quanto mi ha recentemente detto un medico occidentale, e cioè che le persone che ricorrono spesso ai termini «io», «mio» e «me» sono più a rischio di attacchi cardiaci. Quando la concentrazione su di te ti porta a circoscrivere a te stesso il tuo campo di azione, anche un piccolo problema sembrerà insopportabile.

Sebbene ci si possa aspettare che una maggiore interdipendenza tra le nazioni generi una collaborazione più stretta, finché le persone rimarranno indifferenti ai sentimenti e alla felicità degli altri difficilmente lo spirito di collaborazione potrà essere sincero. Se le persone sono mosse soprattutto dalla bramosia e dalla gelosia, è impossibile che vivano in armonia. Un approccio spirituale non può fornire una soluzione immediata a tutti i problemi politici causati dal nostro attuale approccio egoistico, ma, nel lungo periodo, è destinato a permeare il fondamento reale dei problemi che affrontiamo oggi, eliminandoli alla radice.

Il mondo sta ormai diventando più piccolo, al punto che tutte le sue parti sono ovviamente parte di te. La distruzione del tuo nemico è, dunque, la tua distruzione. Lo stesso concetto di guerra è obsoleto. Se il XX secolo è stato il secolo degli spargimenti di sangue, il XXI deve essere quello del dialogo.

Se il genere umano continua ad affrontare i problemi con l'obiettivo di individuare espedienti temporanei, le generazioni future dovranno fronteggiare difficoltà tremende. La popolazione globale sta aumentando e intanto le nostre risorse si esauriscono rapidamente. Prendiamo in considerazione gli effetti devastanti della deforestazione massiccia sul clima, sul terreno e sull'ecologia globale. Ci troveremo a fronteggiare difficoltà perché, guidati da opportunismo e da interessi egoistici, e senza alcun pensiero per l'intera famiglia degli esseri umani, non teniamo conto della terra e dei bisogni a lungo termine della vita. Se non pensiamo adesso a questi problemi, le generazioni future potrebbero non essere in grado di decidere che cosa fare.

L'amore e la compassione sono i pilastri della pace mondiale

Secondo la psicologia buddhista, la maggior parte dei nostri problemi deriva dall'attaccamento a cose che a torto riteniamo permanenti. A partire da questa concezione erronea, consideriamo l'aggressione e la competizione come elementi che ci sostengono nel cercare ciò che fantastichiamo e desideriamo. Ma questo è solo uno stimolo alla conflittualità. Sebbene un modo così distorto di pensare appartenga da sempre alla mente umana, la possibilità che vi si faccia ricorso oggi è molto più elevata, poiché possediamo strumenti e tecniche estremamente efficaci per accumulare e consumare risorse. La bramosia e l'aggressività, alimentate dalla nostra ignoranza di come stanno realmente le cose, diffondono nel mondo una quantità maggiore del loro veleno. Se i problemi vengono risolti in modo umano, finiscono e basta; se invece si tenta un approccio disumano, nuovi problemi si aggiungeranno a quelli già esistenti.

L'antidoto umano contro tutto ciò sono l'amore e la compassione, ingredienti essenziali della pace mondiale. Siamo animali sociali; le cose che ci fanno stare insieme sono principalmente l'amore e la compassione. Quando provi amore e compassione per una persona molto disagiata, i tuoi sentimenti sono fondati sull'altruismo. Per contro, però, l'amore per il proprio coniuge o per i propri figli, o per un caro amico, si mescola all'attaccamento, e quando questo si trasforma è probabile che la tua gentilezza scompaia. L'amore totale si fonda non sull'attaccamento, ma sull'altruismo, che costituisce la risposta più efficace alla sofferenza.

L'amore e la compassione sono i sentimenti che dobbiamo sforzarci di coltivare in noi, espandendone gli attuali confini fino all'illimitatezza. L'amore e la compassione indiscriminati, spontanei e illimitati sono possibili anche nei confronti di qualcuno che ci abbia arrecato danno, di un nemico. Il loro potere è stupefacente.

Il buddhismo ci insegna a considerare tutti gli esseri senzienti come nostre adorate madri e a mostrare gratitudine verso le nostre madri amando tutti gli esseri senzienti. Una delle nostre prime azioni nella vita è stata quella di succhiare il latte dal capezzolo della mamma, quel latte materno che costituisce proprio il simbolo dell'amore e della compassione. Compiendo ricerche sulle scimmie, gli scienziati hanno dimostrato che i piccoli separati dalla madre per un periodo prolungato sono più nervosi e reattivi, incapaci di esprimere affetto nei confronti degli altri, mentre quelli allevati accanto alla madre sono più giocosi, e dunque felici. Secondo il buddhismo si nasce e si rinasce innumerevoli volte, il che rende plausibile che ogni essere senziente sia stato prima o poi un nostro genitore. Ne deriva che tutti gli esseri senzienti condividono legami familiari. Fin dal momento della nascita dipendiamo dalle cure e dalla gentilezza dei nostri genitori; quando poi dobbiamo affrontare le sofferenze della malattia e della vecchiaia, ancora una volta dipendiamo dalla gentilezza degli altri. Se nella fase iniziale e finale dell'esistenza dipendiamo dalla gentilezza degli altri, perché non dovremmo agire nei loro confronti con la stessa gentilezza nella parte centrale della nostra vita? È una scelta pratica.

Sviluppare un cuore gentile, un sentimento di vicinanza verso tutti gli esseri, non implica che si debba seguire una pratica religiosa convenzionale. Il problema non riguarda soltanto coloro che credono nella religione. Riguarda tutti, indipendentemente da razza, religione o appartenenza politica. Riguarda tutti coloro che si considerano in primo luogo membri della famiglia umana e che sono in grado di abbracciare questa prospettiva più ampia e più estesa nel tempo. I valori fondamentali dell'amore e della compassione sono presenti in noi fin dalla nascita, mentre i punti di vista legati a razza, etnia, politica e teologia entrano in gioco più tardi. Il fatto che la violenza non appartenga alla natura umana fondamentale dovrebbe indurci a chiederci perché violenze di ogni tipo balzano agli onori della cronaca, mentre le azioni compassionevoli raramente lo fanno. Ciò deriva dal fatto che la violenza è sconvolgente e non conforme alla natura umana fondamentale, al contrario delle azioni compassionevoli, che diamo per scontate in quanto sono più vicine alla nostra natura.

Poiché ognuno di noi desidera conseguire la felicità ed evitare la sofferenza, e poiché il singolo individuo è relativamente privo di importanza rispetto al numero illimitato di tutti gli altri, possiamo renderci conto che vale la pena condividere con gli altri ciò che possediamo. La felicità, che è un surrogato dell'amare e del servire gli altri, è di gran lunga superiore a ciò che otteniamo servendo soltanto noi stessi.

Viviamo in un flusso costante, che genera molte situazioni difficili. Ma se le affrontiamo con una mente calma e limpida, sostenuta dalla pratica spirituale, possiamo risolverle tutte e in modo definitivo. Quando, invece, la mente è offuscata dall'odio, dall'egoismo, dalla gelosia e dalla rabbia, perdiamo non soltanto il controllo, ma anche la capacità di giudizio. In questi momenti insensati può accadere di tutto, compresa la guerra. La pratica della compassione e della saggezza, di per sé indispensabili a ognuno di noi, sono assolutamente fondamentali per coloro che hanno la responsabilità di governare gli affari interni, poiché il potere e l'opportunità di creare un modello di pace mondiale è nelle loro mani.

Tutte le religioni cercano di promuovere la pace mondiale

I principi che ho citato finora concordano con gli insegnamenti etici di tutte le religioni del mondo. Ritengo che buddhismo, cristianesimo, confucianesimo, induismo, islamismo, giainismo, ebraismo, sikhismo, taoismo e zoroastrismo considerino l'amore come un ideale, puntino a elevare l'umanità grazie alla pratica spirituale e si sforzino di rendere i loro seguaci persone migliori. Tutte le religioni insegnano precetti morali per il progresso della mente, del corpo, della parola e dell'azione: non mentire, non rubare, non uccidere e così via. L'assenza di egoismo è il fondamento comune posto da tutti i grandi maestri spirituali. È a partire da qui che costoro vogliono allontanare i loro seguaci dalle azioni dannose causate dall'ignoranza e indirizzarli sulla via del bene.

Tutte le religioni concordano sulla necessità di domare la mente indisciplinata, fonte di egoismo e di altri problemi, indicando il modo per raggiungere una condizione spirituale pacifica, disciplinata, etica e saggia. In questo senso ritengo che esse esprimano essenzialmente uno stesso messaggio. Ciò non toglie, comunque, che si accendano dibattiti infiniti quando le differenze religiose nascono da dogmi e differenze culturali. È tuttavia preferibile dare sempre più spazio, nella vita quotidiana, al bene che tutte le religioni insegnano, anziché discutere delle piccole differenze di metodo.

Ci sono molte religioni che vogliono portare benessere e felicità agli esseri umani, così come ci sono molte terapie per una particolare malattia. Tutte le religioni si sforzano di aiutare gli esseri viventi a evitare la sofferenza e a trovare la felicità. Pur essendo possibile che ognuno di noi preferisca un determinato approccio religioso rispetto a un altro, ci sono ragioni molto più forti a favore dell'unità, derivanti da desideri comuni a ogni cuore umano. Ogni religione si adopera per diminuire la sofferenza e per dare un suo contributo al mondo; la conversione non è un elemento essenziale. Io non penso a convertire gli altri al buddhismo o a difendere semplicemente la causa del buddhismo. Penso, invece, a come, da buddhista, posso contribuire alla felicità di tutti gli esseri viventi.

Nel sottolineare le somiglianze di fondo tra le varie religioni del mondo, non intendo sostenere una nuova «religione mondiale». Tutte le religioni sono necessarie per arricchire l'esperienza umana e la civiltà mondiale. La mente umana, con tutte le sue varietà, ha bisogno di approcci specifici per raggiungere la pace e la felicità. Lo stesso accade con le varietà del cibo. Alcuni trovano più attraente il cristianesimo; altri preferiscono il buddhismo poiché non postula un creatore e ogni cosa dipende dalle azioni dell'individuo. Lo stesso si potrebbe sostenere per altre religioni. La conseguenza è evidente: l'umanità ha bisogno di tutte le religioni del mondo, adatte a stili di vita e a bisogni spirituali diversi, e a tradizioni nazionali tramandatesi nel tempo.

È a partire da tale prospettiva che accolgo con soddisfazione gli sforzi che vengono compiuti in varie parti del pianeta per una migliore comprensione tra religioni diverse. Si tratta di una necessità particolarmente impellente. Se tutte le religioni fanno del progresso dell'umanità il loro obiettivo principale, possono collaborare per la pace mondiale. La comprensione ecumenica porterà alla coesione necessaria perché tutte le religioni lavorino insieme. Sebbene questo sia un passo importante, dobbiamo ricordarci che non c'è un modo facile o veloce per superare le differenze dottrinali tra le varie fedi, né possiamo sperare di inventarci un nuovo credo universale che soddisfi ognuno. Ogni religione dà il proprio contributo specifico e ognuna è a modo suo adatta all'orientamento di un gruppo specifico di individui. Il mondo ha bisogno di tutte le religioni.

Ci sono due compiti principali per chi pratica una religione e ha a cuore la pace mondiale. In primo luogo dobbiamo promuovere una migliore comprensione interreligiosa, così da creare un livello funzionale di unità fra tutte le religioni, in parte raggiungibile con il rispetto delle credenze reciproche e con l'insistenza sull'obiettivo comune del benessere degli esseri umani. In secondo luogo dobbiamo creare un consenso generale su quali sono i valori spirituali fondamentali che toccano ogni cuore umano. Queste due azioni ci permetteranno di agire, sia individualmente sia di comune accordo con gli altri, per creare le condizioni spirituali necessarie alla pace mondiale.

Nonostante i sistematici tentativi di sostituire ai valori spirituali l'ideologia politica e una logica di mercato, gran parte dell'umanità continua a credere in una religione o nell'altra. La tenacia della fede, anche se in lotta con regimi politici oppressivi, dimostra chiaramente la forza della religione. Questa energia spirituale è la forza che può essere utilizzata per dare vita a una pace mondiale. Sotto questo profilo, i capi religiosi e le persone impegnate in azioni umanitarie hanno un ruolo specifico da svolgere.

Che si riesca o meno a raggiungere l'obiettivo della pace mondiale, non abbiamo altra scelta che quella di adoperarci per conseguirlo. Se permettiamo che amore e compassione siano vinti dalla rabbia, avremo sacrificato la parte migliore della nostra intelligenza di esseri umani: la saggezza, ovvero la capacità di decidere tra ciò che è giusto e ciò che è sbagliato. Insieme all'egoismo, la rabbia è uno dei problemi più seri che affliggono il mondo contemporaneo.

Ogni individuo ha la responsabilità di modellare le istituzioni

La rabbia gioca un ruolo primario nei conflitti attuali, per esempio in Medio Oriente e in Asia, oppure fra i Paesi industrialmente avanzati e quelli economicamente arretrati, e così via. Tali conflitti traggono la propria origine dall'incapacità di capire quanto abbiamo in comune. Le risposte non vanno cercate nella corsa agli armamenti, né possono essere di natura esclusivamente politica o tecnologica. I problemi che ci troviamo ad affrontare oggi non possono essere addebitati a un singolo individuo o a una sola causa, poiché sono i sintomi di una nostra precedente negligenza. L'accento va posto, invece, su quanto abbiamo in comune, secondo un approccio fondamentalmente spirituale.

L'odio e la lotta non possono portare la felicità a nessuno, neppure ai vincitori delle battaglie. La violenza, che crea invariabilmente infelicità, è per natura controproducente. I leader mondiali, in questo momento, devono imparare a superare le differenze di razza, di cultura e di ideologia per guardarsi in faccia con un atteggiamento di attenzione alla condizione umana, che è comune a tutti. Un simile atteggiamento servirebbe a elevare gli individui, le comunità, gli Stati e il mondo in generale.

I mezzi di comunicazione di massa, Internet incluso, possono apportare un notevole contributo a questo proposito, dando un maggiore risalto a notizie che riflettono la sostanziale unità degli esseri umani. Mi auguro che tutte le organizzazioni internazionali, in particolar modo le Nazioni Unite, si mostrino più determinate ed efficienti nel servire l'umanità e nel promuovere la comprensione a livello internazionale. Sarebbe una vera tragedia se alcuni dei membri più potenti manipolassero istituzioni di livello mondiale, come le Nazioni Unite, allo scopo di perseguire i loro interessi. Le Nazioni Unite devono diventare lo strumento principale della pace mondiale; sono l'unica fonte di speranza per le nazioni più piccole e oppresse, dunque per il pianeta inteso come un tutto.

All'interno di ogni Paese l'individuo deve avere il diritto di conseguire la felicità e tra gli Stati dev'esserci la stessa attenzione anche per il benessere di quelli più poveri. Non sto suggerendo che un sistema sia migliore di un altro e che tutti dovrebbero adottarlo. Al contrario, date le diverse tendenze all'interno della comunità umana, è auspicabile una varietà di sistemi politici e di ideologie. Una simile varietà aumenta le possibilità di conseguire la felicità. Ogni comunità nazionale dovrebbe, dunque, essere libera di elaborare un proprio sistema politico e socioeconomico, fondato sul principio dell'autodeterminazione.

Allo stesso modo, poiché attualmente tutti gli Stati dipendono sempre di più gli uni dagli altri, la comprensione umana deve superare i confini nazionali fino a includere di fatto tutta la comunità internazionale. In sintesi, se non creiamo un'atmosfera di collaborazione sincera sostituendo l'uso della forza, reale o minacciata che sia, con una comprensione sentita, i problemi del mondo non faranno che aumentare. Il divario fra ricchi e poveri non è solo sbagliato sotto il profilo morale ma, in termini pratici, è anche una fonte di problemi. Se alle persone che vivono in Paesi poveri è negata la felicità, che desiderano e che meritano, l'insoddisfazione le porterà a creare problemi a quelli ricchi. Se restrizioni sociali, politiche e culturali continuano a essere imposte a individui non consenzienti, le prospettive di una pace mondiale si fanno più remote. Se invece sinceramente si soddisfano le loro richieste, ne deriverà sicuramente la pace.

Mi rendo conto dell'enormità del compito che ci attende, ma non vedo alternative a quello che io propongo e che è fondato sulla nostra comune natura umana. Gli Stati non possono fare altro che occuparsi del benessere degli altri, non solo perché tutta l'umanità condivide le stesse aspirazioni, ma perché ciò riguarda l'interesse reciproco e duraturo di ognuno. Dobbiamo inoltre considerare i benefici a lungo termine che ne deriveranno agli esseri umani, non quelli a breve termine.

In passato sono stati fatti dei tentativi per dare vita a società più giuste e più eque. Sono state create istituzioni animate dal nobile scopo di combattere le forze antisociali. Sfortunatamente l'egoismo e la bramosia hanno vanificato tali sforzi. Oggi siamo testimoni di come, soprattutto nel campo della politica, l'etica e i nobili principi siano soffocati dagli interessi di parte. Una politica priva di etica non incrementa il benessere dell'umanità; un'esistenza priva di morale abbassa gli esseri umani al livello degli animali. Ciò porta alcuni di noi a tenersi lontani dalla politica; ma la politica non è sporca per definizione. È stata la manipolazione degli strumenti della cultura politica a distorcere ideali elevati e nobili aspirazioni.

L'etica, la compassione, la modestia e la saggezza sono i pilastri di tutte le civiltà. Tali qualità devono essere coltivate durante l'infanzia e mantenute attraverso un'educazione morale sistematica, in un ambiente sociale capace di fornire sostegno. Solo così potrà emergere un mondo più umano. Per realizzare questo cambiamento non possiamo aspettare la prossima generazione; dobbiamo essere noi stessi a tentare un rinnovamento dei valori umani fondamentali. La speranza è riposta nelle generazioni future, ma solo se apportiamo adesso un cambiamento, forte e su scala mondiale, ai nostri sistemi educativi. Abbiamo bisogno di una rivoluzione che si esprima come impegno per i valori universali.

Non basta lanciare appelli altisonanti per porre fine alla degenerazione morale; abbiamo il dovere di fare qualcosa in proposito. Poiché i governi del giorno d'oggi non appoggiano tali responsabilità «religiose», i capi religiosi e coloro che intraprendono azioni umanitarie devono rafforzare le organizzazioni civili, sociali, culturali, scolastiche e religiose già esistenti per ridare vigore ai valori umani e spirituali. Se necessario, dobbiamo creare nuove organizzazioni dedite al raggiungimento di questi obiettivi. Solo così possiamo sperare di creare una base più solida per la pace mondiale. Il seme dell'amore e della compassione, che è insito in noi, va stimolato e nutrito con l'intuizione e con l'educazione. Per risolvere i problemi che l'umanità sta affrontando dobbiamo organizzare incontri di studiosi, educatori, persone che lavorano nel sociale, neuroscienziati, medici ed esperti di tutti i settori al fine di discutere, da un lato, degli aspetti positivi e negativi di quanto abbiamo fatto finora e, dall'altro, di che cosa sia necessario introdurre o cambiare nel nostro sistema educativo. Un ambiente adeguato svolge un ruolo cruciale nella crescita sana di un bambino. Tutti i problemi, terrorismo incluso, possono essere superati grazie all'educazione, in particolare cominciando a introdurre l'interesse per gli altri fin dal livello prescolare.

Poiché viviamo nella società dobbiamo condividere le sofferenze dei nostri concittadini, esercitando la tolleranza nei confronti non solo delle persone che amiamo, ma anche dei nostri nemici. È questa la prova della nostra forza morale. Dobbiamo dare l'esempio con la pratica. Dobbiamo vivere sullo stesso livello elevato di integrità che cerchiamo di proporre agli altri. Lo scopo ultimo è quello di servire il mondo e di offrirgli dei benefici.

La mia intenzione è dare, con questo libro, un sia pur minimo contributo alla pace mondiale, spiegando i concetti buddhisti che portano a cercare in noi stessi la fonte delle emozioni nocive, come l'odio e la bramosia, e descrivere le pratiche buddhiste atte a eliminare questi influssi negativi, sostituendoli nel cuore con l'intuizione e l'amore.

Parte prima
LA NECESSITÀ DELL'INTUIZIONE

I
Porre le basi per sviluppare l'intuizione

> Quando sei all'inizio della pratica, sii impaziente come un cervo che tenta di liberarsi dalla trappola in cui è caduto.
> Quando sei a metà, sii come un contadino che attende il raccolto.
> Quando sei alla fine, sii come un pastore che ha riportato a casa il gregge.
>
> PATRUL RINPOCHE, *La parola sacra*

Qual è la causa di tutti i problemi del mondo? Le nostre emozioni controproducenti. Una volta insorte, ci danneggiano in superficie e in profondità. Tali emozioni afflittive sono fonte di guai dall'inizio alla fine. Se tentassimo di contrastarle a una a una, ci troveremmo coinvolti in una lotta interminabile. Qual è, dunque, la causa primaria delle emozioni afflittive su cui possiamo indirizzarci nel modo più utile?

Nei numerosi scritti di Buddha troviamo la descrizione di varie pratiche per contrastare la bramosia, come per esempio la meditazione su ciò che si trova sotto la pelle: carne, ossa, organi, sangue, feci e urina. La contemplazione di questi elementi è in grado di eliminare temporaneamente la bramosia, ma non ottiene lo stesso effetto nel caso dell'odio. E viceversa: le pratiche impartite allo scopo di eliminare l'odio, come per esempio coltivare l'amore, non funzionano come rimedi contro la bramosia. Al pari di medicine usate per combattere una malattia specifica, non hanno effetto su altre patologie. Tuttavia, poiché tutte le emozioni controproducenti dipendono dall'ignoranza della vera natura delle cose, le pratiche che ci insegnano a eliminare tale ignoranza vanno a tagliare alla radice tutte le emozioni afflittive. L'antidoto contro l'ignoranza risolve tutti i problemi. Si tratta del dono straordinario dell'intuizione.

Per prepararsi a sviluppare una comprensione intuitiva di come tu, le altre persone e le cose esistete davvero, è fondamentale studiare con attenzione gli insegnamenti spirituali, riflettendo ripetutamente su di essi. Ciò è importante poiché, al fine di dar vita a uno stato che ci permetta di avvicinarci alla realtà fino a coglierla in profondità, dobbiamo prima di tutto correggere le nostre idee erronee sull'esistenza.

Identificare l'ignoranza

Per riuscire a sviluppare l'intuizione devi prima di tutto identificare l'ignoranza. In questo contesto l'ignoranza non è semplicemente una mancanza di conoscenza, ma è un fraintendimento effettivo della natura delle cose, che parte dall'assunto erroneo che persone e cose esistono in sé e per sé, in virtù della loro natura. Tale concetto, sebbene non sia facile da afferrare, è molto importante per individuare la percezione erronea, fonte di emozioni distruttive come la bramosia e l'odio. Nel buddhismo parliamo ripetutamente di vacuità, ma se non capisci che le persone attribuiscono erroneamente alle cose un'esistenza intrinseca, ti risulterà impossibile comprendere la vacuità. Devi riconoscere, almeno a grandi linee, ciò che falsamente sovrapponi ai fenomeni, prima di poter capire la vacuità che sta al suo posto. Comprendere il modo in cui esisti realmente e chi sei effettivamente, senza la cappa della falsa immaginazione, è l'argomento principale di questo libro.

Tutti i numerosi insegnamenti di Buddha mirano a raggiungere la liberazione dall'esistenza ciclica – con il suo interminabile passaggio da una vita all'altra – e a ottenere l'onniscienza. L'ignoranza è la radice di tutto ciò che si frappone a questi obiettivi. Poiché ci lega alla sofferenza, l'ignoranza va identificata con certezza. Per far ciò dobbiamo riflettere su come questa falsa qualità dell'esistenza intrinseca appare alla mente, come la mente la accetta e fonda poi tante idee su questo errore di base.

L'ignoranza non è solo il contrario della conoscenza. Gli scienziati ci dicono che più esaminiamo da vicino le cose e più è probabile che troviamo lo spazio vuoto. Dipendendo dalle apparenze, l'ignoranza sovrimpone alle persone e alle cose un senso di concretezza che in effetti non c'è. L'ignoranza vorrebbe farci credere che questi fenomeni esistono in un qualche modo fondamentale. A causa dell'ignoranza ciò che vediamo intorno a noi sembra esistere indipendentemente, senza dipendere da altri fattori, ma le cose non stanno così. Assegnando alle cose e alle persone che ci circondano tale condizione esagerata, finiamo per cadere in vari tipi di emozioni eccessive e in ultima analisi nocive.

Identificare questa falsa apparenza delle cose e riconoscere il nostro tacito assenso a una simile illusione sono i primi passi verso la comprensione che noi e gli altri esseri, così come tutti gli oggetti, non esistiamo così come appariamo; non esistiamo affatto in modo tanto concreto e autonomo. Nel cammino che porta allo sviluppo di una precisa valutazione di chi siamo realmente, dobbiamo comprendere la differenza tra il modo in cui appariamo alla nostra mente e quello in cui esistiamo effettivamente. Lo stesso vale per le altre persone e per tutti gli altri fenomeni del mondo.

Meditazione

1. Tutte le emozioni controproducenti sono fondate sull'ignoranza della vera natura delle persone e delle cose e da essa dipendono.
2. Ci sono modi specifici per eliminare temporaneamente la bramosia e l'odio, ma se rimuoviamo l'ignoranza che fraintende la nostra natura, quella degli altri e di tutte le cose, tutte le emozioni distruttive saranno rimosse.
3. L'ignoranza vede i fenomeni – che in realtà non esistono in sé e per sé – come se esistessero indipendentemente dal pensiero.

II
Scoprire la fonte dei problemi

> Attirata dalla luce e dal calore, una falena vola dentro una fiamma.
> Incantato dai suoni di una chitarra, un cervo immobile non si accorge del cacciatore.
> Attirato dal profumo di un fiore, un insetto vi rimane intrappolato.
> Legato al gusto, un pesce guizza verso l'amo.
> Sospinto nel fango, un elefante non riesce a emergerne.
>
> PATRUL RINPOCHE, *La parola sacra*

I sensi contribuiscono all'ignoranza. Alle nostre facoltà di vedere, udire, odorare, gustare e toccare, gli oggetti sembrano esistere di per sé. In presenza di tali informazioni distorte, la mente accetta questa condizione esagerata delle cose. I buddhisti definiscono «ignorante» una simile mente in quanto accetta questa falsa apparenza anziché opporvisi. La mente ignorante non interroga le apparenze per decidere se sono corrette; essa accetta semplicemente il fatto che le cose sono come sembrano.

Successivamente ci crogioliamo nell'apparente verità della concretezza degli oggetti, pensando: «Se questo non è vero, che cosa potrebbe esserlo?». E così la nostra concezione erronea dettata dall'ignoranza si rafforza. Quando, per esempio, vediamo una cosa o una persona bella per la prima volta, prendiamo brevemente nota dell'oggetto della nostra attenzione, riconoscendone soltanto la presenza. La mente in questa fase è pressoché neutrale. Ma quando le circostanze ci inducono a prestare maggiore attenzione all'oggetto, esso appare attraente in un modo che gli è specifico. Quando la mente aderisce all'oggetto in tal maniera – pensando che esista così come appare – possono insinuarsi la bramosia nei confronti dell'oggetto e l'odio per ciò che può frapporsi al suo conseguimento.

Quando entra in gioco il nostro io, enfatizziamo tale legame: adesso parliamo del «*mio* corpo», della «*mia* roba», dei «*miei* amici» o della «*mia* auto». Esageriamo l'aspetto attraente dell'oggetto, oscurandone difetti e svantaggi, e ci affezioniamo a esso come se ci aiutasse a ottenere il piacere, per cui siamo condotti energicamente verso la bramosia, come se qualcuno ci trascinasse per un anello infilato nel naso. Può darsi che esageriamo anche la mancanza di attrattiva dell'oggetto, trasformando un dettaglio insignificante in un grande difetto e ignorando le sue migliori qualità, cosicché finiamo per vederlo come un'interferenza al nostro piacere e siamo portati all'odio, ancora una volta come se qualcuno ci trascinasse per un anello infilato nel naso. L'ignoranza continua a prevalere anche se l'oggetto non sembra né gradevole né sgradevole, ma pare una cosa qualsiasi a metà strada, sebbene in questo caso non si generi né desiderio né odio. Nel suo *Sessanta stanze di ragionamento* lo studioso e yogi indiano Nagarjuna sostiene che:

> Come potrebbero le grandi e velenose emozioni afflittive
>   non sorgere
> in coloro le cui menti si fondano sull'esistenza intrinseca?
> Quand'anche un oggetto sia ordinario, le loro menti
> sono preda del serpente delle emozioni distruttive.

Concezioni più grezze di «io» e di «mio» evocano emozioni distruttive più grossolane, come l'arroganza e la belligeranza, il creare problemi a se stessi, alla propria comunità o addirittura al proprio Paese. Queste concezioni erronee vanno identificate osservando la propria mente.

Esponendo il pensiero buddhista il pensatore e yogi indiano Dharmakirti dice:

In colui che esagera il sé
vi è sempre aderenza all'«io».
Per via di tale aderenza vi è attaccamento al piacere.
Per via dell'attaccamento gli svantaggi sono oscurati
e i vantaggi notati, da cui un attaccamento forte.
E gli oggetti che sono «miei» si intendono come mezzi
   per raggiungere il piacere.
Finché ci sarà dunque attrazione verso il sé,
continuerai a girare nell'esistenza ciclica.

È fondamentale identificare e riconoscere processi di pensiero diversi. Alcuni pensieri ci rendono semplicemente consapevoli di un oggetto: per esempio, vediamo un orologio come un semplice orologio, senza alcuna emozione afflittiva quale la bramosia. Altri pensieri stabiliscono correttamente che un oggetto è buono o cattivo, ma senza introdurre emozioni afflittive; tali pensieri il buono come buono e il cattivo come cattivo, e basta. Quando tuttavia si afferma l'idea che gli oggetti sono dotati di esistenza intrinseca, si è introdotta un'ignoranza fondamentale. A mano a mano che l'assunto erroneo dell'esistenza intrinseca si rafforza, entrano in gioco la bramosia o l'odio.

La svolta dalla semplice consapevolezza alla concezione erronea avviene quando l'ignoranza esagera la condizione di bontà o di cattiveria dell'oggetto cosicché esso viene considerato *intrinsecamente* buono o cattivo, *intrinsecamente* attraente o privo di attrattiva, *intrinsecamente* bello o brutto. Scambiare questa falsa apparenza per un fatto a causa dell'ignoranza significa aprire la strada alla bramosia, all'odio e a un'infinità di altre emozioni controproducenti. Queste emozioni distruttive, a loro volta, conducono ad azioni fondate sulla bramosia e sull'odio. Tali azioni creano nella mente predisposizioni karmiche che innescano il processo dell'esistenza ciclica da una vita all'altra.

La radice dell'esistenza ciclica

Il processo che ho appena descritto è quello in cui siamo rovinati dalla nostra ignoranza e vincolati a quel ciclo di sofferenza una vita dopo l'altra che chiamiamo «esistenza ciclica»; alcuni livelli della mente che di solito identifichiamo come corretti sono in realtà esagerazioni della condizione di persone e cose e creano problemi a sé e agli altri. L'ignoranza ci impedisce di vedere la verità, cioè il fatto che le persone e gli altri fenomeni sono sì soggetti alle leggi di causa ed effetto, ma non possiedono un essere fondamentale che è indipendente in sé e per sé.

Devi riconoscere il più possibile questo processo, sviluppando una comprensione sempre maggiore della sequenza degli eventi che comincia da un'osservazione distaccata e culmina con emozioni e azioni controproducenti. Senza l'ignoranza le emozioni controproducenti sono impossibili; non possono manifestarsi. È l'ignoranza che le sostiene. Ecco perché lo studioso e yogi Aryadeva, discepolo di Nagarjuna, afferma che:

> Come la capacità di sentire è presente nel corpo intero,
> così l'ignoranza alberga in tutte le emozioni afflittive.
> Dunque tutte le emozioni afflittive sono superabili
> con il superamento dell'ignoranza.

Meditazione

Considera i seguenti punti:

1. L'aspetto attraente di un oggetto sembra esserne parte integrante?
2. L'aspetto attraente di un oggetto ne oscura pregi e difetti?
3. L'esagerazione della piacevolezza di certi oggetti conduce alla bramosia?
4. L'esagerazione della spiacevolezza di certi oggetti conduce all'odio?

5. Osserva come:
- Prima percepisci un oggetto.
- Poi noti se l'oggetto è buono o cattivo.
- Poi concludi che l'oggetto ha la propria base indipendente di esistenza.
- Poi concludi che la bontà o la cattiveria dell'oggetto esiste intrinsecamente nell'oggetto.
- Poi generi la bramosia o l'odio, a seconda del tuo precedente giudizio.

III
Perché è necessario capire la verità

> Gran parte del nostro far progetti è come attendere di nuotare in un fiume in secca.
> Molte delle nostre attività sono come rigovernare la casa in un sogno.
> Nel delirio della febbre non si riconosce la febbre.
>
> PATRUL RINPOCHE, *La parola sacra*

Se non hai una comprensione intuitiva del modo in cui tu e tutte le cose siete effettivamente, non puoi riconoscere e rimuovere né gli ostacoli che si frappongono alla liberazione dall'esistenza ciclica né, cosa ancora più importante, gli intralci che ti impediscono di aiutare gli altri. Senza intuizione non puoi affrontare alcun problema alla radice né eliminare i semi che potrebbero riprodurlo in futuro.

Per superare la concezione erronea secondo cui cose e individui esistono come entità autosufficienti, indipendentemente dalla coscienza, è essenziale osservare la propria mente al fine di scoprire come questo errore è stato concepito e come, con il sostegno di una simile ignoranza, sorgono altre emozioni distruttive. Poiché la bramosia, l'odio, l'orgoglio, la gelosia e la rabbia derivano dall'esagerazione dell'importanza di qualità come la bellezza e la bruttezza, è fondamentale capire in che modo persone e cose esistono effettivamente, senza esagerazione.

L'unica via per raggiungere questa comprensione è interiore. Devi abbandonare le false convinzioni che vai sovrapponendo al modo in cui le cose sono realmente. Non esistono mezzi esterni per eliminare la bramosia e l'odio. Se una spina ti si è conficcata nella carne, puoi rimuoverla per sempre con un ago, ma per sbarazzarti di un atteggiamento interiore, devi vedere chiaramente le convinzioni erronee su cui si fonda. Ciò richiede l'uso della ragione per esplorare la vera natura dei fenomeni e poi concentrarsi su ciò che è stato compreso. Questo è il sentiero che conduce alla liberazione e all'onniscienza.

Come dice Dharmakirti:

> Se non si smette di credere all'oggetto di un'emozione afflittiva
> non lo si potrà abbandonare.
> L'abbandono del desiderio, dell'odio e di altro ancora,
> che sono collegati a una percezione erronea di vantaggi e svantaggi,
> dipende dal non vederli negli oggetti,
> non da condizioni esterne.

Quando constaterai che tutte le emozioni problematiche – e in realtà tutti i problemi – nascono da una comprensione erronea di fondo, vorrai liberarti di una simile ignoranza. Il mezzo per farlo consiste nel riflettere sulla logica che rivela l'assoluta infondatezza della sovrapposizione di una credenza di esistenza intrinseca, e successivamente nel concentrarsi sulla vacuità di esistenza intrinseca per mezzo della meditazione. Chandrakirti, seguace di Nagarjuna e di Aryadeva, dice:

> Vedendo con la mente che tutte le emozioni afflittive e i difetti
> sorgono dal considerarsi dotati di esistenza intrinseca
> e dal sapere che il sé ne costituisce l'oggetto,
> gli yogi rifiutano la loro esistenza intrinseca.

Analogamente, Aryadeva sostiene che il riconoscimento dell'assenza del sé è il modo per interrompere l'esistenza ciclica:

> Quando si vede negli oggetti l'assenza del sé
> il seme dell'esistenza ciclica è distrutto.

Quando le radici di un albero vengono tagliate, tutti i rami, i germogli e le foglie si seccano. Allo stesso modo, tutti i problemi dell'esistenza ciclica vengono rimossi eliminando la comprensione erronea che ne è la causa.

In India i massimi studiosi e praticanti – Nagarjuna, Aryadeva, Chandrakirti e Dharmakirti – compresero che la verità non può essere riconosciuta se non ci accorgiamo che assegniamo alle persone e alle cose una condizione di concretezza e di permanenza che in realtà non esiste. Bisogna comprendere la vacuità di questa falsa sovrapposizione e, per riuscirci, costoro analizzarono i fenomeni attraverso la scrittura e la logica.

Come rendere significativa la meditazione

È fondamentale che tu capisca tale procedimento perché, se non mediti sull'assenza dell'errore che è la radice della rovina, la tua meditazione – a prescindere da quanto tu la ritenga profonda – non affronterà affatto il problema. Anche se puoi forse riuscire ad allontanare la mente dagli oggetti che la disturbano, ciò non significa che sei assorbito dalla verità. Devi riconoscere concretamente che gli oggetti semplicemente non esistono nel modo in cui l'ignoranza ritiene che esistano.

Se una persona è spaventata perché crede erroneamente che ci sia un serpente appena fuori dalla porta, non gioverebbe farle notare che sul lato opposto della casa c'è un albero; è invece necessario dimostrare a quella persona che fuori dalla porta non c'è alcun serpente. Allo stesso modo, devi capire che proprio quegli oggetti che tu immagini esistere in sé e per sé non esistono in realtà in quel modo, così da liberarti dai problemi causati da tale percezione erronea. Limitandoti a distogliere la mente dal pensare a una qualsiasi cosa o pensando semplicemente a qualcos'altro non arriverai alla radice del problema.

Devi renderti conto che, se gli oggetti esistessero davvero così come appaiono, le conseguenze logiche sarebbero impossibili. Su questa base puoi comprendere appieno che i fenomeni non esistono in tal modo. Potrà ancora sembrare che persone e cose esistano di per sé, concretamente e indipendentemente, ma tu saprai che non è così. A poco a poco questa consapevolezza indebolirà le tue concezioni erronee e ridurrà i problemi che ne derivano. Poiché accettare le apparenze come verità è il problema fondamentale, l'antidoto è arrivare a capire la falsità delle apparenze attraverso la logica.

Tre modi di vedere gli oggetti

Ci sono tre tipi di operazioni mentali su un oggetto:

1. Concepire l'oggetto come intrinsecamente esistente, che è quello che fa l'ignoranza.
2. Concepire l'oggetto come non intrinsecamente esistente, che è quello che fa l'intuizione.
3. Concepire l'oggetto senza assegnargli un'esistenza intrinseca o un'assenza di esistenza intrinseca, come quando si guarda normalmente qualcosa, per esempio una casa.

Anche quando non vedi un oggetto come intrinsecamente esistente (come fa l'ignoranza), non necessariamente lo vedi come non intrinsecamente esistente (come fa l'intuizione), perché ci sono pensieri che, non facendo né l'una né l'altra cosa, rientrano nella terza categoria. Ecco perché devi identificare con precisione i fenomeni a proposito dei quali commetti questo errore fondamentale. Pensare semplicemente a qualcos'altro non contrasterà l'ignoranza. Sarebbe come cercare un ladro in paese quando è ormai fuggito nella foresta.

Quando avrai sconfitto l'ignoranza, avrai sradicato le convinzioni erronee che impongono agli oggetti qualità, come la bellezza e la bruttezza, in misura eccessiva rispetto a quella che effettivamente possiedono. A questo punto tutte le altre emozioni afflittive fondate sull'ignoranza – la bramosia, l'odio, la gelosia, la conflittualità e via dicendo – vengono eliminate e, quindi, non possono più motivare le tue azioni (karma). Pertanto il tuo impotente nascere e rinascere nell'esistenza ciclica, determinato da predisposizioni create dalle tue azioni (l'altro aspetto del karma), viene sconfitto e la liberazione è raggiunta.

Devi contemplare questa progressione finché non ti risulta chiara e poi cercare con precisione la verità. Quando comprenderai appieno come entri nel ciclo della sofferenza e come te ne svincoli, potrai apprezzare e tenere in gran conto il fatto di sapere come le persone e le cose sono realmente. Se non arriverai a capire che gli atteggiamenti rovinosi possono essere eliminati, l'esistenza della liberazione non ti sarà chiara. Se invece capirai che i punti di vista erronei possono essere cancellati, la tua intenzione di ottenere la liberazione si rafforzerà. Ecco perché l'intuizione è così importante.

Meditazione

Considera che:

1. L'ignoranza porta a esagerare l'importanza della bellezza, della bruttezza e di altre qualità.
2. L'esagerazione di tali qualità porta alla bramosia, all'odio, alla gelosia, alla conflittualità e via dicendo.
3. Queste emozioni distruttive portano ad azioni contaminate da una percezione erronea.
4. Queste azioni (karma) portano a un'impotente nascita e rinascita nell'esistenza ciclica e a ripetuti coinvolgimenti nei problemi.
5. Eliminare l'ignoranza cancella l'esagerazione di qualità positive e negative; ciò estingue la bramosia, l'odio, la gelosia, la conflittualità e così via, mettendo fine alle azioni contaminate da una percezione erronea e, di conseguenza, alla nascita e rinascita nell'esistenza ciclica.
6. L'intuizione è lo sbocco.

Parte seconda

COME ELIMINARE L'IGNORANZA

IV
Sentire l'impatto dell'interrelazione

> Una riga di dodici centimetri è corta rispetto a una di sedici.
> Una riga di sedici centimetri è corta rispetto a una di venti.
>
> DETTO TIBETANO

Se la visione erronea secondo cui le persone e le cose esistono indipendentemente è la causa di tutte le altre visioni ed emozioni controproducenti, uno dei mezzi principali per superare questo punto di vista sbagliato consiste nel riflettere sul fatto che tutti i fenomeni sorgono dipendentemente. Nella *Preziosa ghirlanda* Nagarjuna afferma che:

> Quando c'è alto, ci deve essere basso.
> Essi non esistono per propria natura.

Questa relatività è il motivo per cui i buddhisti affermano il sorgere-dipendente di tutti i fenomeni anziché il loro sorgere-indipendente.

Riflettendo sul sorgere-dipendente, perderai la convinzione che le cose esistono in sé e per sé. Dice ancora Nagarjuna:

> La credenza nell'esistenza intrinseca è la causa di tutti i punti
>   di vista erronei.
> Le emozioni afflittive non insorgono senza questo errore.
> Quando dunque si conosce a fondo la vacuità
> ci si purifica da punti di vista erronei e da emozioni afflittive.
> Grazie a che cosa si conosce la vacuità?
> La si conosce vedendo il sorgere-dipendente.
> Buddha, il supremo conoscitore della realtà, dichiarò che
> ciò che è creato dipendentemente non è creato intrinsecamente.

Allo stesso modo Aryadeva, discepolo di Nagarjuna, sostiene che comprendere il sorgere-dipendente è indispensabile per superare l'ignoranza:

> Tutte le emozioni afflittive si superano
> superando l'ignoranza.
> Quando si vede il sorgere-dipendente
> l'ignoranza non insorge.

Il sorgere-dipendente si riferisce al fatto che tutti i fenomeni impermanenti – fisici, mentali o di altra natura – esistono nella misura in cui sono dipendenti da determinate cause e condizioni. Tutto ciò che sorge dipendentemente da certe cause e condizioni non agisce solo per forza propria.

Meditazione

1. Pensa a un fenomeno impermanente, per esempio a una casa.
2. Considera il suo formarsi in dipendenza da cause specifiche: il legno, i muratori e così via.
3. Valuta se tale dipendenza è in conflitto con il fatto che la casa sembra esistere di per sé.

Sorgere-dipendente e realismo

La teoria del sorgere-dipendente può essere applicata ovunque. Uno dei benefici derivanti dall'applicazione di tale teoria è che l'osservazione effettuata da questa prospettiva dà un quadro più olistico della situazione perché, bella o brutta che sia, essa dipende da determinate cause e condizioni. Un evento dipende non dalla propria facoltà, ma da svariate cause e condizioni, presenti e passate. In caso contrario, non può esistere.

Guardando le cose in quest'ottica, puoi vedere una porzione molto maggiore del quadro generale e, grazie alla prospettiva più ampia, riesci a cogliere la realtà della situazione, la sua interdipendenza. Con l'aiuto di questo punto di vista relazionale le azioni che intraprenderai saranno realistiche. Nella politica internazionale, per esempio, senza un simile punto di vista un capo di Stato potrebbe considerare un determinato problema come causato da una sola persona, il che farebbe di tale persona un facile bersaglio. Ciò tuttavia non è realistico; il problema è molto più ampio. La violenza genera una reazione a catena. Senza una prospettiva più ampia, anche se la motivazione è sincera, ogni tentativo di affrontare la situazione diventa irreale; si intraprenderanno azioni infondate a causa della mancanza di un quadro olistico e di una comprensione delle cause e delle condizioni coinvolte.

In campo medico, parimenti, non basta concentrarsi su un'unica specializzazione. Il corpo dev'essere considerato nella sua totalità. Nella medicina tibetana l'approccio diagnostico è più olistico, perché prende in considerazione sistemi interattivi. Analogamente, nel campo dell'economia, se si persegue solo il profitto si finisce nella corruzione. Consideriamo l'aumento della corruzione in vari Paesi. Se ritenessimo moralmente neutre tutte le azioni commerciali saremmo ciechi di fronte allo sfruttamento. Quando, come dicono in Cina, «non fa differenza se il gatto è bianco o nero», il risultato è che molti gatti neri – persone moralmente fallite – creano un sacco di problemi!

L'incapacità di osservare il quadro nella sua totalità implica che il realismo si perde. La convinzione che il denaro sia sufficiente porta a conseguenze imprevedibili. Il denaro è sicuramente necessario; se, per esempio, pensi che il ritiro religioso in meditazione da solo basti, non avresti nulla da mangiare. Sono molti i fattori da considerare. Con la consapevolezza del quadro più completo il tuo punto di vista diventa ragionevole, e le tue azioni diventano pratiche, cosicché riesci a raggiungere risultati favorevoli.

L'aspetto più controproducente delle emozioni afflittive è che oscurano la realtà. Come afferma Nagarjuna:

> Quando cessano le emozioni afflittive e le loro azioni vi è liberazione.
> Le emozioni afflittive insorgono da concezioni false.

Le concezioni false, qui, sono modi di pensare esagerati che non si accordano con i fatti. Anche se un oggetto – un evento, una persona o qualsiasi altro fenomeno – ha un aspetto leggermente favorevole, nel momento in cui viene erroneamente considerato come totalmente esistente di per sé, vero e reale, la proiezione mentale ne esagera l'aspetto gradevole al di là della sua effettiva entità, portando alla bramosia. Lo stesso accade con la rabbia e con l'odio; in questo caso è un fattore negativo a essere esagerato, al punto che l'oggetto sembra negativo al cento per cento, dando origine a un profondo fastidio. Di recente uno psicoterapeuta mi ha spiegato che, quando ci arrabbiamo, il novanta per cento della bruttezza dell'oggetto della nostra rabbia è dovuto all'esagerazione. Ciò è molto vicino all'idea buddhista di come sorgono le emozioni afflittive.

Nel momento in cui si generano rabbia e bramosia si vede non la realtà, ma una proiezione mentale irreale, estremamente buona o estremamente cattiva, che scatena azioni irreali e distorte. Tutto ciò può essere evitato guardando il quadro più completo, rivelato da un'attenzione al sorgere-dipendente dei fenomeni, al nesso di cause e condizioni da cui sorgono e in cui esistono.

Considerati in questo modo, gli svantaggi delle emozioni afflittive sono evidenti. Se vogliamo riuscire a percepire la situazione com'è davvero, dobbiamo smettere volontariamente di sottometterci alle emozioni afflittive che impediscono in ogni campo la percezione dei fatti. Visti dalla prospettiva della bramosia o della rabbia, per esempio, i fatti sono sempre oscurati.

Anche l'amore e la compassione implicano sentimenti

forti, che possono farci piangere per empatia, ma che sono indotti non dall'esagerazione, bensì da un'efficace comprensione della situazione degli esseri senzienti e da una giusta preoccupazione per il loro benessere. Tali sensazioni si fondano sulla comprensione intuitiva della sofferenza degli esseri nel ciclo di rinascite chiamato «esistenza ciclica»; si tratta di sensazioni la cui profondità è a sua volta stimolata dalla comprensione intuitiva dell'impermanenza e della vacuità, a cui sono dedicati i capitoli XXII e XXIII di questo libro. Benché sia possibile che l'amore e la compassione siano influenzati dalle emozioni afflittive, un amore e una compassione sinceri sono privi di pregiudizi e di esagerazione in quanto si fondano su un'efficace comprensione del rapporto che abbiamo con gli altri. La prospettiva del sorgere-dipendente è molto utile ad assicurare la comprensione del quadro più ampio.

La dipendenza dalle parti

Il sorgere-dipendente riguarda anche il fatto che tutti i fenomeni, impermanenti e permanenti, esistono dipendentemente dalle loro parti. Ogni cosa è fatta di parti. Un vaso, per esempio, esiste in dipendenza dalle sue parti, sia che consideriamo quelle grossolane, come il coperchio, la maniglia o l'apertura, sia che consideriamo quelle più sottili, come le molecole. Senza le sue parti essenziali un vaso semplicemente non può esistere; non esiste nel modo concreto e indipendente in cui appare.

Che dire allora delle particelle atomiche che costituiscono il materiale da costruzione di oggetti più grandi? Potrebbero essere prive di parti? Anche questo risulta impossibile perché, se una particella non avesse un'estensione spaziale, non potrebbe combinarsi con altre particelle per formare un oggetto più grande. I fisici che studiano le particelle ritengono che anche la più piccola di esse possa essere divisa in parti più piccole se uno riesce a creare strumenti sufficientemente avanzati per farlo; ma anche se trovassero un'entità fisicamente indivisibile essa avrebbe pur sempre un'estensione spaziale e quindi delle parti, altrimenti non sarebbe in grado di combinarsi con altre entità simili per formare qualcosa di più grande.

Meditazione

1. Pensa a un fenomeno impermanente, per esempio a un libro.
2. Considera il suo formarsi in dipendenza dalle sue parti: le pagine e la copertina.
3. Valuta se questa dipendenza dalle parti è in conflitto con il fatto che il libro sembra esistere di per sé.

Esaminare la coscienza

La coscienza che osserva un vaso blu non ha parti spaziali perché non è fisica, ma esiste come continuum di momenti precedenti e successivi, che costituiscono le parti di un flusso di coscienza, non importa quanto breve.

Consideriamo poi i momenti più brevi all'interno di un continuum. Se perfino il più breve di tali momenti non possedesse un inizio, un centro e una fine, non potrebbe unirsi ad altri momenti brevi per diventare un continuum; sarebbe ugualmente vicino a un momento precedente e a uno seguente, nel qual caso non ci sarebbe affatto un continuum.

Come sostiene Nagarjuna:

> Dato che un attimo finisce, deve avere
> un principio e un momento intermedio.
> Anche il principio, il momento intermedio e la fine
> devono essere analizzati al pari di un attimo.

Meditazione

1. Considera la coscienza che presta attenzione a un vaso blu.
2. Rifletti sul suo formarsi in dipendenza dalle sue parti: i vari momenti che ne costituiscono il continuum.
3. Valuta se tale dipendenza dalle parti è in conflitto con il fatto che il vaso sembra esistere di per sé.

Esaminare lo spazio

Anche lo spazio possiede delle parti, per esempio lo spazio associato a direzioni specifiche (come lo spazio a est e a ovest), oppure a oggetti specifici.

Meditazione

1. Considera lo spazio in generale.
2. Rifletti sul suo formarsi in dipendenza dalle sue parti: il nord, il sud, l'est e l'ovest.
3. Valuta se tale dipendenza dalle parti è in conflitto con il fatto che lo spazio sembra esistere di per sé.

Inoltre

1. Considera lo spazio di una tazza.
2. Rifletti sul suo formarsi in dipendenza dalle sue parti: la metà superiore e quella inferiore.
3. Valuta se tale dipendenza dalle parti è in conflitto con il fatto che lo spazio della tazza sembra esistere di per sé.

V

Comprendere la logica del sorgere-dipendente

> Poiché non esistono fenomeni
> che non siano sorgere-dipendenti,
> non vi sono fenomeni che non siano
> vuoti di esistenza intrinseca.
>
> NAGARJUNA, *Trattato fondamentale
> sulla Via di Mezzo chiamato «Saggezza»*

Come spiegato nel capitolo precedente, tutti i fenomeni, impermanenti o permanenti, possiedono delle parti. Le parti e il tutto dipendono da altro, ma *sembrano* possedere un'entità propria. Se il tutto e le sue parti esistessero come ti appaiono, dovresti poter indicare un tutto separato dalle sue parti. Ma non puoi.

Sebbene ci sia un conflitto tra il modo in cui il tutto e le sue parti appaiono, ciò non significa che un tutto non esista perché, se non esistesse, non si potrebbe parlare di qualcosa come parte di qualcos'altro. Se ne deve dedurre che esiste un tutto, ma che la sua esistenza dipende dalle sue parti, e che dunque non esiste indipendentemente. Nel *Trattato fondamentale sulla Via di Mezzo chiamato «Saggezza»* Nagarjuna sostiene che:

> Ciò che sorge dipendentemente
> non è una cosa sola con ciò da cui dipende
> e neppure intrinsecamente altro da esso:
> dunque, non è nulla e non intrinsecamente esistente.

Come funziona la logica del sorgere-dipendente

Dipendente o indipendente: non c'è altra scelta. Quando qualcosa è l'uno, non è assolutamente l'altro. Poiché dipendente e indipendente costituiscono una dicotomia, quando vedi che qualcosa non può essere indipendente, o funzionare per facoltà propria, non puoi fare altro che considerarlo dipendente. Essendo dipendente, è vuoto di esistere per facoltà propria. Vedila così:

> Per esistere, una tavola dipende dalle sue parti, cosicché chiamiamo l'insieme delle sue parti la base a partire dalla quale è costruita. Quando indaghiamo in modo analitico per tentare di trovare questa tavola che appare alle nostre menti come se esistesse indipendentemente, dobbiamo cercarla all'interno della base appena citata: le gambe, il piano e così via. Eppure nulla dall'interno delle parti costituisce il tavolo. Queste cose che non sono un tavolo lo diventano dunque dipendendo dal pensiero; un tavolo non esiste di per sé.

Da questo punto di vista un tavolo è qualcosa che sorge, o che esiste, dipendentemente. Dipende da certe cause, dipende dalle sue parti e dipende dal pensiero. Si tratta dei tre modi del sorgere-dipendente. Tra questi, uno dei fattori più importanti è il pensiero che designa un oggetto.

Esistere in dipendenza dalla concettualità è il significato più sottile di *sorgere-dipendente*. (Al giorno d'oggi, i fisici stanno scoprendo che i fenomeni non esistono oggettivamente, in sé e per sé, ma esistono nel contesto del coinvolgimento con un osservatore.) L'«io» del Dalai Lama, per esempio, deve trovarsi dentro l'area in cui si trova il mio corpo; non sarebbe possibile trovarlo in nessun altro luogo. Ciò è evidente. Ma se si indaga all'interno di quest'area, non si riuscirà a trovare un «io» dotato di sostanza propria. Ciononostante il Dalai Lama è un uomo, un monaco, un tibetano, e può parlare, bere, mangiare e dormire. Ciò è prova sufficiente che lui esiste, sebbene non lo si possa trovare.

Non si può, dunque, trovare nulla che sia l'«io», ma questo non implica che l'«io» non esista. E come potrebbe? Sarebbe un'idiozia. L'«io» in effetti non esiste, ma quando esiste, e tuttavia non può essere trovato, dovremo dire che sorge in dipendenza dal pensiero. La questione non può essere posta in nessun altro modo.

La vacuità non significa il nulla

Non c'è dubbio che le persone e le cose esistono; il problema è come, o in che modo, esistono. Quando consideriamo un fiore, per esempio, e pensiamo: «Questo fiore ha una bella forma, un bel colore e una bella consistenza», sembra che ci sia qualcosa di concreto che possiede le qualità della forma, del colore e della consistenza. Quando esaminiamo a fondo tali qualità, come pure le parti del fiore, esse ci sembrano qualità o parti *del fiore*, per esempio il colore del fiore, la forma del fiore, il gambo del fiore e i petali del fiore, come se ci fosse un fiore che possiede queste qualità o parti.

Tuttavia, se il fiore esiste davvero come ci appare, dovremmo poter individuare qualcosa di separato da tutte queste parti e qualità che sia il fiore. Ma non possiamo. Non si riesce a trovare un fiore del genere né con l'analisi né con strumenti scientifici, anche se prima sembrava così dotato di sostanza e così facile da trovare. Poiché ha degli effetti, il fiore esiste sicuramente, ma quando cerchiamo di trovare un fiore che esista in sintonia con le idee che ci siamo formati sul suo conto, non ci riusciamo affatto.

Qualcosa che davvero esiste di per sé dovrebbe, se sottoposto ad analisi, diventare via via più evidente; dovrebbe risultare chiaramente. Invece accade l'esatto opposto. Ciò non significa, tuttavia, che non esista, dal momento che è efficace, ossia crea degli effetti. Il fatto che non lo si trovi con l'analisi indica semplicemente che non esiste nel modo in cui appare ai nostri sensi e ai nostri pensieri, fondato concretamente in sé.

Se il fatto di non trovare oggetti sottoposti ad analisi significasse che essi non esistono, non ci sarebbero esseri senzienti né Bodhisattva, non ci sarebbero Buddha né cose pure o impure. La liberazione non sarebbe necessaria; non ci sarebbe motivo di meditare sulla vacuità. Invece è evidente che le persone e le cose giovano e danneggiano, che il piacere e il dolore esistono, che possiamo liberarci dal dolore e conseguire la felicità. Sarebbe stupido negare l'esistenza delle persone e delle cose che hanno evidentemente un effetto su di noi. L'idea che esse non esistano è una negazione dell'ovvio; è una sciocchezza.

Nagarjuna dimostra che i fenomeni sono vuoti di esistenza intrinseca in virtù del fatto che sono sorgere-dipendenti. Questo è di per sé un segno evidente del fatto che il punto di vista secondo il quale i fenomeni non possiedono esistenza intrinseca non è nichilistico. Nagarjuna non motiva la vacuità dei fenomeni con il fatto che non sono in grado di funzionare; richiama piuttosto l'attenzione sul fatto che sorgono dipendenti da cause e condizioni.

Meditazione

Considera che:

1. Dipendente e indipendente costituiscono una dicotomia. Tutto ciò che esiste è o l'uno o l'altro.
2. Quando qualcosa è dipendente, dev'essere vuoto di esistere per facoltà propria.
3. Non possiamo trovare l'«io» in nessuna delle parti del corpo e della mente che costituiscono la base dell'«io». L'«io», dunque, è fondato non per facoltà propria, ma grazie alla forza di altre condizioni: le sue cause, le sue parti e il pensiero.

VI
Vedere l'interdipendenza dei fenomeni

> Poiché comprendono la dottrina del sorgere-dipendente,
> i saggi non condividono in alcun modo punti di vista estremi.
>
> BUDDHA

Dal momento che i fenomeni *sembrano*, anche ai nostri sensi, esistere di per sé anche se non è così, accettiamo erroneamente l'idea che l'esistenza dei fenomeni sia più sostanziale di quanto è in realtà. In questo modo siamo attirati verso le emozioni afflittive, che gettano il seme della nostra rovina. Dobbiamo risolvere questi problemi continuando a riflettere sulla natura dipendente di ogni cosa.

L'impatto del sorgere-dipendente

Tutti i fenomeni – utili e dannosi, cause ed effetti, questo e quello – sorgono e si fondano sulla base di altri fattori. Nella *Preziosa ghirlanda* Nagarjuna sostiene che:

> Quando questo esiste, quello sorge,
> come basso quando c'è alto.
> Quando questo è prodotto, lo è quello,
> come la luce da una fiamma.

In tale contesto di dipendenza l'aiuto e il danno sorgono, i fenomeni impermanenti possono funzionare (e non sono semplici effetti dell'immaginazione) e il karma (le azioni e i loro effetti) è plausibile. Tu sei plausibile e così lo sono io; non siamo semplici creazioni della mente. Se si comprende ciò, ci si libera da quello che i buddhisti chiamano «l'estremo del nichilismo», fonte dell'erronea conclusione che, per il semplice fatto che non si riesce a trovare un fenomeno che esista indipendentemente, esso non esiste affatto. Come dice Nagarjuna:

> Avendo, dunque, visto che gli effetti sorgono
> dalle cause, si afferma ciò che appare
> nelle convenzioni del mondo
> e non si accetta il nichilismo.

Questi due estremi – l'idea esagerata che i fenomeni esistano per facoltà propria e la negazione della causa e dell'effetto – sono come baratri in cui la nostra mente può cadere, creando prospettive dannose che o esagerano la condizione degli oggetti al di là della loro reale natura, o negano addirittura l'esistenza di cause e di effetti. Cadendo nel baratro dell'esagerazione, siamo spinti a soddisfare una concezione di noi stessi che eccede il modo in cui effettivamente siamo: un'impresa impossibile. Cadendo, invece, nel baratro della negazione, perdiamo di vista il valore dell'etica e siamo spinti a compiere azioni orribili che minano il nostro futuro.

Per riuscire a mantenere un equilibrio tra il sorgere-dipendente e la vacuità, dobbiamo distinguere tra l'esistenza intrinseca e la semplice esistenza. È, inoltre, fondamentale riconoscere la differenza tra l'assenza di esistenza intrinseca e la non esistenza assoluta. Ecco perché, quando i grandi saggi buddhisti insegnarono in India la dottrina della vacuità, non dissero che i fenomeni sono vuoti della capacità di eseguire funzioni. Dissero, invece, che i fenomeni sono vuoti di esistenza intrinseca poiché sono sorgere-dipendenti. Quando si comprende la vacuità in questi termini si evitano entrambi gli estremi. E così, attraverso la comprensione della vacuità, si evita l'idea esagerata che i fenomeni esistano di per sé, mentre attraverso la comprensione del fatto che i fenomeni sono sorgere-dipendenti e dunque non del tutto inesistenti si evita la negazione dell'esistenza della funzionalità.

Come dice Chandrakirti:

> Il ragionamento del sorgere-dipendente
> strappa tutte le reti delle visioni erronee.

Il sorgere-dipendente è il percorso che permette di stare alla larga dai due baratri dei punti di vista erronei e dei dolori che ne derivano.

Il carattere inesprimibile della verità

Una volta uno studioso alle prime armi, in un'università monastica di Lhasa, stava partecipando a un dibattito con grande fatica perché non riusciva a trovare la giusta replica a un'obiezione. Annunciò allora, tra il divertimento generale, che conosceva tutte le risposte, ma aveva problemi a esprimerle a parole. Forse noi, che non conosciamo bene la vacuità, potremmo ripetere quanto affermano i testi buddhisti, e cioè che la perfezione della saggezza è inconcepibile e inesprimibile, e cercare di sembrare profondi! Questa affermazione, comunque, significa che la comprensione della vacuità *come viene direttamente sperimentata nella meditazione non dualistica* non può essere espressa a parole; non significa che non si può riflettere e meditare sulla vacuità.

Quando pronunciamo, sentiamo o pensiamo termini come «vacuità» o «verità ultima», ci appaiono come soggetto e oggetto separati – la coscienza da una parte e la vacuità dall'altra – mentre, nella meditazione profonda, soggetto e oggetto hanno un solo sapore; la vacuità e la coscienza che la percepisce sono indifferenziabili, come acqua messa nell'acqua.

Somiglianza con le illusioni

Usando lo strumento dell'analisi non puoi trovare un essere che trasmigra da una vita a un'altra, ma ciò non significa che la rinascita non esiste in alcun modo. Nonostante il fatto che l'agente, l'azione e l'oggetto non siano in grado di mostrarsi indipendentemente se sottoposti ad analisi, le azioni sane e insane lasciano il segno nella mente e danno i loro frutti in questa esistenza o in una successiva.

Se analizziamo secondo questa logica una persona che appare in sogno e una persona in carne e ossa che vediamo in stato di veglia, per nessuna delle due si potrà trovare un'entità autofondante. Dall'analisi risultano entrambe ugualmente introvabili, ma questo non significa che non esistono persone reali, o che una persona in sogno sia reale. Ciò andrebbe contro la validità delle percezioni. Il fatto che persone e altri oggetti risultino introvabili sotto analisi non significa che non esistono, ma significa che non esistono per facoltà propria; esistono a causa di altri fattori. Essere vuoto di essere per facoltà propria significa, dunque, dipendere da altri.

Meditazione

Considera che:

1. L'esistenza intrinseca non è mai esistita, non esiste e non esisterà mai.

2. Poiché, comunque, immaginiamo che essa esista, siamo indotti alle emozioni distruttive.

3. La convinzione che i fenomeni siano dotati di esistenza intrinseca è una forma estrema di esagerazione, un baratro spaventoso.

4. La convinzione che i fenomeni impermanenti non possano svolgere funzioni, o agire come causa ed effetto, è una forma estrema di negazione, un altro baratro spaventoso.

5. Capire che tutti i fenomeni sono vuoti di esistenza intrinseca in quanto sono sorgere-dipendenti evita entrambi gli estremi. Capire che i fenomeni sono sorgere-dipendenti evita l'estremo della negazione pericolosa; capire che sono vuoti di esistenza intrinseca evita l'estremo dell'esagerazione pericolosa.

VII
Valutare il sorgere-dipendente e la vacuità

> Fare affidamento sulle azioni e sui loro frutti
> conoscendo la vacuità dei fenomeni
> è più meraviglioso delle cose meravigliose,
> più fantastico delle cose fantastiche.
>
> NAGARJUNA, *Saggio sulla mente dell'illuminazione*

Riflettere sul fatto che un oggetto è sorgere-dipendente, che sorge dipendentemente da cause e condizioni, dalle sue parti e dal pensiero, è di grande aiuto per superare la sensazione che esso esista di per sé. Se, tuttavia, non riesci a cogliere esattamente di che cosa sono vuoti i fenomeni – che cosa sia negato –, alla fine di questa analisi avrai la sensazione che l'oggetto non esista affatto.

Tale esperienza farà sì che i fenomeni sembrino effimeri, come disegni privi di sostanza, simili al nulla. L'errore deriva dalla mancata distinzione tra l'assenza di esistenza *intrinseca* e la non esistenza. Il fatto che non intervenga questa distinzione rende impossibile comprendere il sorgere-dipendente dei fenomeni, mentre è fondamentale capire che vacuità significa sorgere-dipendente, e che sorgere-dipendente significa vacuità.

Plausibilità di causa ed effetto

Dobbiamo riuscire a comprendere il sorgere-dipendente di ogni agente, azione e oggetto come una negazione della loro esistenza intrinseca e a vedere che causa ed effetto esistono sicuramente. La prova che un oggetto è vuoto di esistenza intrinseca è il fatto che è sorgere-dipendente, per cui le dinamiche sorte dipendentemente, per esempio quella di causa ed effetto, sono del tutto attuabili. La vacuità non è un vuoto assoluto che nega l'esistenza di tutti i fenomeni, ma è una vacuità di esistenza intrinseca. I fenomeni sono vuoti di questa condizione, vale a dire che non sono vuoti di per sé; un tavolo è vuoto di esistenza intrinseca, non vuoto di essere un tavolo. Di conseguenza, a causa della vacuità (causata dalla mancanza di esistenza intrinseca), agente, azione e oggetto sono possibili.

Vacuità significa, quindi, che l'oggetto deve esistere, ma che esiste in modo diverso da quello che ci immaginiamo. Dopo avere riconosciuto la sensazione della vacuità, non è sufficiente limitarsi a dichiarare che i fenomeni devono esistere senza avere una sensazione chiara di *come* esistono. È necessario sapere dal profondo del proprio essere che comprendere il sorgere-dipendente promuove la comprensione della vacuità e comprendere la vacuità promuove la comprensione del sorgere-dipendente.

La logica dalla vacuità al sorgere-dipendente

Capire la vacuità in ragione del fatto che le persone e le cose sono sorgere-dipendenti mi sembra più facile che capire che un oggetto deve essere sorgere-dipendente perché è vuoto di esistenza intrinseca. Queste, però, sono soltanto mie riflessioni personali.

Nell'ambito della falsità le contraddizioni sono del tutto plausibili; un giovane, per esempio, improvvisamente invecchia, oppure un ignorante si trasforma gradualmente in un erudito che sa molte cose. In un mondo di entità fisse intrinsecamente fondate un cambiamento così radicale non sarebbe plausibile. Se un albero fosse realmente, fondamentalmente, com'è in estate, con elementi quali le foglie e i frutti, le circostanze non potrebbero avere alcun effetto su di lui e fargli perdere tali elementi durante l'inverno. Se la sua bellezza fosse autofondante non potrebbe diventare bruttezza a causa delle circostanze.

Ciò che è falso può essere un'infinità di cose, mentre ciò che è vero dev'essere soltanto com'è. Quando la parola di qualcuno non è affidabile, diciamo che è falsa. Il fatto che i fenomeni abbiano una natura di falsità è ciò che consente così tanti cambiamenti, quali il passaggio dal buono al cattivo e viceversa, lo sviluppo e il declino. Poiché le persone e le cose sono prive della verità dell'essere autofondanti, subiscono l'effetto delle condizioni e sono capaci di trasformarsi. Poiché la giovinezza non è una verità durevole, può trasformarsi in vecchiaia.

Essendo in questo senso falsi, i fenomeni sono pronti a cambiare da un momento all'altro: aree si riempiono di gente e poi si spopolano; nazioni in pace si mettono a combattere guerre; Stati nascono e scompaiono. Il bello e il brutto, lo sviluppo e il declino, l'esistenza ciclica e il nirvana, questo e quello: il cambiamento avviene nei modi più svariati. Il fatto che le persone e i fenomeni cambino indica che in effetti non possiedono una loro condizione individuale così come sono; non sono cioè in grado di darsi un fondamento. E poiché sono privi di fondamento possono trasformarsi.

È così che causa ed effetto sono plausibili nell'ambito di una vacuità di esistenza intrinseca. Se i fenomeni esistessero di per sé, non potrebbero dipendere da altri fattori. Senza una dipendenza da altro, causa ed effetto sono impossibili. In presenza di causa ed effetto effetti negativi come il dolore possono essere evitati abbandonando cause come la gelosia, mentre effetti favorevoli come la felicità possono essere acquisiti addestrandosi ad altre cause, per esempio il gioire per il successo altrui.

La comprensione che dà sostegno reciproco

Ricorda che se la dottrina della vacuità interferisce con la comprensione di causa ed effetto è preferibile accantonarla temporaneamente. La comprensione della vacuità deve includere la causa e l'effetto delle azioni. Se ritieni che, poiché i fenomeni sono vuoti, non possano essercene né di buoni né di cattivi, stai rendendo più difficile la comprensione della portata della vacuità. Devi tenere causa ed effetto nella giusta considerazione.

Oggetti di meditazione particolari

Talvolta è utile scegliere come oggetto di questo tipo di analisi una persona che tieni in gran considerazione, per esempio il tuo venerato maestro o capo spirituale. Alla luce dei momenti in cui apprezzi particolarmente il tuo maestro, non cadrai nella negazione di causa ed effetto poiché non potrai negare l'impatto di quella persona.

La vacuità è molto importante perché, se la comprendi appieno, potrai liberarti dal ciclo delle emozioni distruttive, mentre, se non la comprendi, finirai trascinato come per il naso in emozioni distruttive che provocano una vita dopo l'altra di sofferenza nell'esistenza ciclica. Nondimeno, quando consideri che la tua vacuità dipende da te stesso, o che la vacuità di un'automobile dipende dall'automobile, il substrato di cui la vacuità è una qualità sembra quasi più importante della vacuità stessa.

Se allora poni l'accento talvolta sull'apparenza che è vuota di esistenza intrinseca e talaltra sulla sua vacuità di esistenza intrinseca, passare dall'una all'altra anziché concentrarsi unicamente sulla vacuità può rivelarsi utile. Tale riflessione alternata aiuta a comprendere sia il sorgere-dipendente sia la vacuità, poiché mostra che la vacuità non è una cosa a parte, non è isolata, ma è la natura profonda dei fenomeni. Come recita il *Sutra del cuore*, «la forma è vacuità; la vacuità è forma».

La naturale mancanza di esistenza intrinseca di una forma è di per sé vacuità; la vacuità non è qualcosa di aggiuntivo, come un cappello su una testa. La vacuità è la natura della forma, la sua caratteristica ultima. Lo studioso e yogi tibetano Tzong Khapa cita un brano dal capitolo dedicato a Kashyapa nel *Sutra dell'accumulo dei gioielli*. «Non è la vacuità a rendere vuoti i fenomeni; i fenomeni sono vuoti di per sé.» Circa un anno fa, quand'ero nel Ladakh, ho trovato un brano simile nel *Sutra della perfezione della saggezza in venticinquemila stanze*: «La forma non è resa vuota dalla vacuità; la forma è di per sé vuota». Questa affermazione profonda mi ha portato a riflettere, e adesso desidero condividere con te quello che ho scoperto. Siccome è un po' complicato, ti prego di avere pazienza.

È innegabile che gli oggetti sembrano esistere di per sé, tanto che anche nell'ambito del buddhismo la maggior parte delle scuole accetta tale apparenza delle cose, sostenendo che se gli oggetti, per esempio i tavoli, le sedie e i corpi, non esistessero di per sé, non ci sarebbe modo di presupporne l'esistenza. Dicono, per esempio, che una coscienza visiva che percepisce un tavolo è valida perché esso appare oggettivamente fondato; ne segue che, secondo questi sistemi di pensiero, è impossibile che una coscienza sia al tempo stesso valida ed erronea. Tuttavia, secondo il sistema della scuola della Via di Mezzo – che segue gli insegnamenti di Chandrakirti, è chiamata scuola della Conseguenza ed è da noi considerata quella in grado di descrivere meglio come i fenomeni esistono e sono percepiti – fenomeni come i tavoli, le sedie e i corpi semplicemente non esistono di per sé; la coscienza visiva si sbaglia in merito a come gli oggetti appaiono, considerandoli fondati in sé e per sé, ma la stessa coscienza è valida per quanto riguarda la presenza degli oggetti. Una stessa coscienza può così essere contemporaneamente valida ed erronea, valida rispetto alla presenza dell'oggetto e alla sua esistenza, ma erronea rispetto al fatto che l'oggetto sembra avere una sua condizione indipendente.

Chandrakirti presuppone che gli oggetti appaiano come esistenti di per sé a causa di uno schema erroneo di percezione comune. Nulla infatti si fonda di per sé. Ne consegue che la forma stessa *è* vuota; non è resa vuota dalla vacuità. Che cosa, dunque, è vuoto? La forma. Il tavolo. Il corpo. Allo stesso modo, tutti i fenomeni sono vuoti della loro esistenza intrinseca. La vacuità non è una cosa creata dalla mente; le cose sono così dall'inizio. L'apparenza e la vacuità sono una sola entità e non possono essere distinte in entità separate.

Meditazione

Considera che:

1. Poiché le persone sono sorgere-dipendenti, sono vuote di esistenza intrinseca. Essendo dipendenti, non sono autofondanti.
2. Poiché le cose e le persone sono vuote di esistenza intrinseca, devono essere sorgere-dipendenti. Se i fenomeni esistessero di per sé non potrebbero dipendere da altri fattori, né dalle cause né dalle parti che li costituiscono, né dal pensiero. Poiché i fenomeni non sono in grado di darsi un fondamento, possono trasformarsi.
3. Queste due comprensioni devono funzionare insieme sostenendosi a vicenda.

Pratica arricchente

Capire la logica del sorgere-dipendente servirà ad approfondire la tua analisi del fatto che l'«io» e le altre cose non equivalgono alle basi su cui si fondano né sono separati da esse. Inoltre ti incoraggerà a spendere grandi energie nelle pratiche del dare, dell'etica, della pazienza e dello sforzo, al centro delle quali stanno l'amore e la compassione che, a loro volta, potenzieranno la tua intuizione. Tutte queste cose devono funzionare insieme.

Noi tutti possediamo una mente in grado di conoscere; se la stimoliamo, finiremo per ottenere la conoscenza. A questo scopo è necessario leggere, ascoltare conferenze e studiare; è necessario pensare a lungo termine; ed è necessario meditare. Poiché siamo dotati di coscienza e poiché la vacuità è un oggetto che può essere portato all'attenzione della mente, tali sforzi daranno i loro frutti.

Parte terza

INDIRIZZARE LA FORZA DELLA CONCENTRAZIONE E DELL'INTUIZIONE

VIII
Focalizzare la mente

> Lascia che le distrazioni si sciolgano come nuvole che scompaiono in cielo.
>
> MILAREPA

In tutte le aree del pensiero devi essere in grado di analizzare e poi, quando hai preso una decisione, devi riuscire ad applicarvi la mente senza esitazioni. Queste due capacità – analizzare e rimanere focalizzato – sono essenziali per vederti come sei realmente. In tutte le aree dello sviluppo spirituale, indipendentemente dal livello che hai raggiunto, hai bisogno al tempo stesso dell'analisi e della focalizzazione per raggiungere gli stati voluti, che vanno dalla ricerca di un futuro migliore al potenziamento della consapevolezza della causa e dell'effetto delle azioni (karma), allo sviluppo dell'intenzione di lasciare il ciclo della sofferenza chiamato esistenza ciclica, alla pratica dell'amore e della compassione, alla comprensione della vera natura delle persone e delle cose. Tali miglioramenti vengono realizzati nella mente cambiando il modo di pensare, trasformando il punto di vista grazie all'analisi e alla focalizzazione. Tutti i tipi di meditazione rientrano nelle categorie generali della meditazione analitica e della meditazione focalizzata, chiamata anche meditazione intuitiva e meditazione della calma dimorante.

Se è distratta, la tua mente è pressoché impotente. La distrazione apre qui e là la via alle emozioni controproducenti, che portano a molti tipi di problemi. Senza una concentrazione chiara e stabile l'intuizione non può conoscere la vera natura dei fenomeni in tutta la sua potenza. Per vedere un quadro al buio, per esempio, hai bisogno di una lampada molto forte. E quand'anche possedessi una simile lampada, se la luce è instabile non ti sarà possibile vedere chiaramente i particolari del quadro. Né riuscirai a vedere bene se la luce, pur essendo stabile, è fioca. Ci vogliono al tempo stesso grande chiarezza della mente e stabilità, intuizione e concentrazione focalizzata, come una lampada a olio al riparo dalla brezza. Buddha disse: «Quando la tua mente è fondata sull'equilibrio meditativo, puoi vedere la realtà esattamente com'è».

Per ottenere questo risultato abbiamo a disposizione solo la nostra mente attuale e per rafforzarla dobbiamo metterne insieme le capacità. Un mercante si impegna a vendere un po' alla volta allo scopo di accumulare un mucchio di denaro; le capacità della mente di comprendere i fatti devono essere riunite e focalizzate nello stesso modo, cosicché la verità possa essere compresa in tutta la sua chiarezza. Nella nostra condizione abituale, tuttavia, siamo distratti, come l'acqua che scorre ovunque, e disperdiamo la forza innata della mente in varie direzioni, rendendoci incapaci di percepire chiaramente la verità. Quando la mente non è focalizzata, qualunque cosa appaia ce la sottrae; rincorriamo prima un pensiero e poi un altro, fluttuanti e instabili, incapaci di focalizzarci su ciò che vogliamo prima di essere sviati da qualcos'altro, pronti a rovinarci. Come sostiene lo yogi e studioso indiano Shantideva:

> Le persone che hanno una mente debole e distratta
> diventano preda delle zanne dei difetti mentali.

Focalizzare

Benché la distrazione sia la nostra condizione ordinaria, le capacità di raggiungere la conoscenza, che noi tutti possediamo, possono essere riunite e focalizzate su un oggetto che vogliamo capire, come facciamo quando ascoltiamo istruzioni importanti. Tutte le pratiche – si tratti dell'amore, della compassione, dell'intenzione altruistica di diventare illuminati o dell'intuizione esercitata in riferimento alla propria natura e alla condizione reale di tutti gli altri fenomeni – migliorano straordinariamente grazie a tale focalizzazione, cosicché il nostro progresso è più veloce e più profondo.

Il buddhismo offre molte tecniche per sviluppare una forma di concentrazione chiamata «calma dimorante». Questo potente stato di concentrazione deriva il proprio nome dal fatto che in esso tutte le distrazioni si sono *calmate* e la mente, per sua volontà, *dimora* costantemente, gioiosamente e flessibilmente nell'oggetto interno scelto con intensa chiarezza e forte stabilità. A questo livello dello sviluppo mentale, la concentrazione non richiede alcuno sforzo.

Sconfiggere la pigrizia

La pigrizia si manifesta in molte forme, che si risolvono tutte nella procrastinazione, ovvero nel rinvio di una pratica a un momento successivo. A volte la pigrizia si configura come distrazione dalla meditazione a causa di attività moralmente neutre come cucire o riflettere su come raggiungere un certo posto in automobile; questo tipo di pigrizia può rivelarsi particolarmente dannoso perché tali pensieri e attività non sono normalmente riconosciuti come problematici.

Altre volte la pigrizia si manifesta come distrazione che porta a pensare ad attività non virtuose, per esempio a un oggetto della propria bramosia o alla vendetta nei confronti di un nemico. Un altro tipo di pigrizia consiste nella sensazione di inadeguatezza per il compito della meditazione, in una sensazione di inferiorità e nello scoraggiamento: «Come può una persona come me ottenere una cosa simile?!». In questo caso non si riesce a cogliere il grande potenziale della mente umana e la forza di un addestramento graduale.

Tutte queste forme di pigrizia implicano un'assenza di entusiasmo per la meditazione. Come possono essere sconfitte? La contemplazione dei vantaggi derivanti dal conseguimento della flessibilità fisica e mentale genera entusiasmo per la meditazione e combatte la pigrizia. Dopo che avrai sviluppato la gioia e la beatitudine meditativa della flessibilità mentale e fisica, potrai rimanere nello stato meditativo quanto vuoi. A quel punto la tua mente sarà completamente addestrata e tu potrai indirizzarla a qualsiasi attività virtuosa; ormai tutte le disfunzioni del corpo e della mente saranno state eliminate.

Condizioni per la pratica

Nei principianti i fattori esterni possono avere un notevole impatto sulla meditazione perché la capacità mentale interna non è particolarmente forte. Ecco perché è utile limitare le attività impegnative e trovare un posto tranquillo dove meditare. Quando l'esperienza interna è progredita, le condizioni esterne non hanno più grandi effetti sull'individuo.

In questa fase iniziale dello sviluppo della calma dimorante è necessario un luogo sano dove praticare, lontano da persone e attività frenetiche che stimolano la bramosia e la rabbia. Interiormente devi conoscere la soddisfazione, senza provare forte desiderio per il cibo, gli abiti e così via ed essendo soddisfatto della moderazione. Devi limitare le tue attività e allontanarti dalla confusione. Gli affari vanno dimenticati. Particolarmente importante è il comportamento morale, che stimola un atteggiamento rilassato, pacifico e responsabile. Tutti questi preliminari contribuiranno a ridurre le distrazioni più grossolane.

Quando divenni monaco, i voti mi imposero di limitare le attività esterne, il che contribuì a porre maggiormente l'accento sullo sviluppo spirituale. Tale restrizione mi rese consapevole del mio comportamento, spingendomi a valutare con attenzione quanto accadeva nella mia mente onde evitare di disobbedire ai voti. Ciò significava che anche quando non ero direttamente impegnato a meditare impedivo alla mente di vagare, e ciò mi portava costantemente nella direzione della meditazione interiore, focalizzata su un unico punto.

La gente talvolta considera i voti di comportamento etico una limitazione o una punizione, il che è assolutamente sbagliato. Come intraprendiamo una dieta per migliorare la salute, e non per punirci, così le regole dettate da Buddha puntano a tenere sotto controllo i comportamenti controproducenti e a sconfiggere le emozioni afflittive perché sono rovinose. Per il nostro bene limitiamo le motivazioni e le azioni che generano sofferenza. In seguito a una grave infezione intestinale che mi colpì qualche anno fa, per esempio, adesso evito gli alimenti acidi e le bevande gassate, che pure mi piacciono molto. Tale regime mi protegge, non mi punisce.

Buddha stabilì certi stili di comportamento per alzare il livello del nostro benessere, non per affliggerci. Le regole aprono la mente al progresso spirituale.

Postura

La postura della meditazione è importante perché se il corpo è dritto lo sono anche i canali energetici al suo interno, cosicché l'energia che vi fluisce si equilibra, favorendo a sua volta l'equilibrio della mente e mettendola al nostro servizio. Sebbene si possa meditare anche sdraiati, la posizione seduta a gambe incrociate è più efficace, purché accompagnata dalle sette avvertenze che seguono:

1. Siedi a gambe incrociate, appoggiando i glutei su un apposito cuscino da meditazione.
2. Per coltivare la calma dimorante è necessario focalizzare la mente su un oggetto interno e non su uno esterno. Con gli occhi socchiusi, dunque non spalancati e neppure completamente chiusi, fissa la punta del naso, ma non intensamente; se ciò ti risulta disagevole, punta lo sguardo

sul pavimento davanti a te. Tieni gli occhi socchiusi. Gli stimoli visivi non disturberanno la tua coscienza mentale. Se poi gli occhi si chiudono da soli, va bene così.

3. Raddrizza la colonna vertebrale, come se fosse una freccia o una pila di monete, senza inarcarla all'indietro né piegarla in avanti.

4. Tieni le spalle dritte e le mani quattro dita sotto l'ombelico, la sinistra sotto con il palmo all'insù e la destra sopra, anch'essa con il palmo all'insù, mentre i pollici si toccano formando un triangolo.

5. Tieni la testa dritta, in modo che il naso sia in linea con l'ombelico, ma inarca leggermente il collo come fanno i pavoni.

6. Appoggia la punta della lingua sulla parte centrale del palato, dietro i denti; questa posizione ti permetterà in seguito di meditare a lungo senza distrarti. Impedirà inoltre un respiro troppo forte, che provocherebbe una sensazione di secchezza in bocca e in gola.

7. Inspira ed espira in modo calmo, tranquillo e uniforme.

Una pratica respiratoria particolare

All'inizio di una seduta di meditazione è utile eliminare dal corpo le correnti di energia controproducenti, chiamate «arie» o «venti». Si tratta di effettuare una serie di nove inspirazioni e di altrettante espirazioni che, come quando si getta via la spazzatura, contribuiscono a liberarti da impulsi alla bramosia o all'odio che puoi avere avuto prima di iniziare la pratica.

Innanzitutto inspira profondamente dalla narice destra, tenendo la narice sinistra chiusa con il pollice sinistro; poi libera la narice sinistra e chiudi la destra con il medio della mano sinistra, espirando dalla narice sinistra. Ripeti la sequenza tre volte. Poi inspira profondamente dalla narice sinistra, continuando a tenere chiusa la destra con il medio della mano sinistra; quindi libera la narice destra e chiudi la sinistra con il pollice sinistro, espirando dalla narice destra. Ripeti la sequenza tre volte. Infine metti la mano sinistra in grembo, come descritto nel paragrafo precedente, inspira profondamente da entrambe le narici e sempre da entrambe espira. Ripeti la sequenza tre volte, per un totale di nove respiri. Durante l'inspirazione e l'espirazione, concentra completamente il pensiero su questi movimenti, pensando «inspiro» ed «espiro», oppure a ogni sequenza di inspirazione ed espirazione conta da uno a dieci e da dieci a uno. Rimani focalizzato sul tuo respiro, il che renderà la tua mente più leggera e più ampia, temporaneamente libera da ogni oggetto di bramosia o di odio fino ad allora presente; essa ne risulterà rinfrescata.

A questo punto richiama in modo vivido alla mente la tua motivazione altruistica e il desiderio di aiutare gli altri; se avessi tentato di inserire un atteggiamento virtuoso precedentemente, quando eri sotto l'effetto della bramosia o dell'odio, sarebbe stato difficile. Adesso invece è facile. Questa pratica di respiro è come preparare un pezzo di stoffa sporco per la tintura; dopo il lavaggio, prenderà molto facilmente la nuova tinta.

Concentrare completamente la mente sul respiro, che è sempre con noi e che non deve essere immaginato daccapo, fa sciogliere i pensieri precedenti e facilita la concentrazione della mente sulle fasi successive.

L'oggetto

Vediamo ora su quale oggetto focalizzarci durante la pratica per il raggiungimento della calma dimorante. Poiché gli effetti delle emozioni distruttive precedentemente presenti tendono a permanere nella mente, i tentativi di portare quest'ultima alla concentrazione sono soggetti a interruzioni. Se hai già fortemente riconosciuto la vacuità di esistenza intrinseca, puoi scegliere l'immagine della vacuità come oggetto di concentrazione, sebbene all'inizio risulti difficile concentrarsi su un tema così profondo. Di solito, comunque, hai bisogno di un oggetto di attenzione che indebolisca l'emozione distruttiva predominante in quel momento, sia essa la bramosia, oppure l'odio, la confusione, l'orgoglio o i pensieri eccessivi. I punti focali usati per contrastare queste tendenze sono chiamati «oggetti per purificare il comportamento».

Se l'emozione distruttiva predominante è la bramosia, si reagisce a una persona o a una cosa, anche se solo in piccola parte attraente, con un desiderio immediato. In questo caso si può meditare sulle parti che compongono il proprio corpo dalla testa ai piedi: pelle, carne, sangue, ossa, midollo, urina, feci e così via. Visto superficialmente il corpo potrà anche sembrarti meraviglioso, ma, se esamini da vicino le sue parti per eseguire questo esercizio, non risulterà poi così bello. Un semplice bulbo oculare può apparire spaventoso. Prendi in considerazione tutto, dai capelli fino alle unghie delle mani e dei piedi.

Una volta che mi trovavo in Thailandia, vicino alla porta di un monastero erano state appese fotografie di un cadavere scattate quotidianamente per più giorni di seguito. Le fasi della decomposizione erano evidenti; si trattava di fotografie molto eloquenti. Il tuo corpo può sembrarti meraviglioso, tonico, solido eppure delicato al tatto; ma, se osservi da vicino le parti che lo compongono e il degrado a cui è destinato, ti accorgerai che la sua natura è diversa.

Se l'emozione distruttiva predominante, causata dal proprio comportamento in passato, è l'odio unito alla frustrazione, e dunque ti arrabbi facilmente e ti rivolgi in modo aggressivo agli altri, puoi coltivare l'amore attraverso il desiderio che chi è privo di felicità sia dotato della felicità e delle sue cause.

Se l'emozione distruttiva predominante è la confusione unita all'ottusità, derivante forse dalla convinzione che i fenomeni accadano senza cause e condizioni o che l'io agisca per facoltà propria, puoi meditare sul sorgere-dipendente dei fenomeni, sul loro dipendere da cause. In alternativa puoi anche contemplare il processo della rinascita nell'esistenza ciclica, partendo dall'ignoranza e concludendo con la vecchiaia e la morte. Una delle due pratiche eliminerà la confusione dovuta a idee erronee e l'ignoranza, stimolando l'intelligenza.

Se l'emozione distruttiva predominante, che ti porti dietro dal passato, è l'orgoglio, puoi meditare sulle categorie dei fenomeni che appartengono al complesso mente-corpo. Prestare attenzione a questi numerosi fattori elimina la sensazione di un io separato da essi. Inoltre, se li prendi in considerazione nei dettagli, ti accorgerai che ci sono molte cose che non sai e questo sgonfierà la concezione esagerata del tuo io. Al giorno d'oggi gli scienziati, per esempio i fisici, hanno le loro categorie di fenomeni (come i sei tipi di quark: up, down, charm, strange, top e bottom, e le quattro forze: elettromagnetica, gravitazionale, nucleare forte e nucleare debole), le quali, se pensi di sapere tutto, sgonfieranno il tuo orgoglio non appena le prenderai in considerazione. Finirai per pensare: «Non so nulla».

Se l'emozione afflittiva predominante è la generazione di troppi pensieri, per cui ti agiti pensando a questo e a quello, puoi meditare sull'inspirazione e sull'espirazione descritte nel paragrafo precedente. Quando leghi la mente al respiro, il flusso apparentemente incessante di pensieri che vagano da una parte all'altra diminuisce immediatamente.

In assenza di un'emozione distruttiva predominante, puoi scegliere uno qualsiasi degli oggetti appena descritti.

Un oggetto particolare

Un utile oggetto di meditazione per ogni tipo di personalità è un'immagine di Buddha o di qualche altro personaggio religioso, poiché concentrarsi su di essa impregna la mente di qualità virtuose. Se, pensando ripetutamente a tale immagine, la visualizzi con chiarezza, essa rimarrà con te in tutte le tue attività quotidiane, come se fossi alla presenza di un Buddha. Quando ti ammali e stai male, sarai in grado di evocare questa meravigliosa presenza. Anche nel processo della morte, un Buddha continuerà ad apparire alla tua mente e la tua coscienza di questa vita terminerà con un atteggiamento di intensa pietà. Tutto ciò non è forse benefico?

Durante la meditazione immagina un Buddha reale, non un dipinto o una statua. Prima devi giungere a una buona conoscenza della forma di Buddha, ascoltandone una descrizione oppure osservandone un dipinto o una statua e abituandoti a esso cosicché una sua immagine possa apparire alla tua mente. La coscienza mentale di un principiante è facilmente distratta da oggetti di ogni tipo, ma tu sai per esperienza che se osservi un oggetto come un fiore la distrazione si riduce. Parimenti, quando guardi un'immagine di Buddha con i tuoi occhi la distrazione diminuisce, finché riuscirai progressivamente a far sì che l'immagine appaia alla tua mente.

Immagina l'oggetto religioso all'altezza delle tue sopracciglia, a circa un metro e mezzo o due di distanza da te; la sua altezza è tra i due e gli otto centimetri. Più l'oggetto è piccolo più focalizzerà l'attenzione della mente; dev'essere chiaro e luminoso, emettere luce, ma essere al tempo stesso denso. La sua brillantezza aiuterà a evitare che la modalità di percezione della mente sia troppo vaga; la sua densità aiuterà a impedire alla mente di distrarsi con altri oggetti.

Adesso l'oggetto è fissato, quanto alla sua natura e alle sue dimensioni, per tutta la durata della seduta in cui si coltiva la calma dimorante. Non devi modificare queste caratteristiche anche se nel corso del tempo l'immagine potrà cambiare dimensioni, colore, forma, posizione o addirittura numero. Riporta la mente all'oggetto originale.

Se cercherai di rendere l'oggetto luminoso e chiaro in modo eccessivo, ciò costituirà un'interferenza; regolarne costantemente la luminosità impedirà alla stabilità di svilupparsi. È necessaria la moderazione. Una volta che l'oggetto appare, anche se vagamente, non lasciarlo. In seguito, quando l'oggetto sarà stabile, potrai gradualmente regolarne la luminosità e la chiarezza senza perdere l'immagine originale.

Meditazione

1. Osserva attentamente un'immagine di Buddha o di qualche altro personaggio o simbolo religioso, notandone la forma, il colore e i dettagli.
2. Fai in modo che questa immagine appaia internamente alla tua coscienza, immaginando che si trovi all'altezza delle tue sopracciglia, a una distanza di un metro e mezzo o due da te, alta tra i due e gli otto centimetri (più è piccola e meglio è) e lucente.
3. Pensa che l'immagine sia reale, dotata di magnifiche qualità fisiche, verbali e mentali.

IX
Preparare la mente a meditare

> Un monaco di nome Sprona stava tentando di meditare ma la sua mente era o troppo tesa o troppo rilassata. Chiese consiglio a Buddha. Buddha gli domandò: «Quando possedevi una casa, non suonavi forse la chitarra con destrezza?». «Sì, proprio così.» «Il suono era più giusto quando tendevi forte le corde o quando le allentavi di molto?» «Né l'uno né l'altro. Dovevo usare la moderazione.» «Qui è la stessa cosa. Per meditare devi moderare la tensione e la rilassatezza della mente.»
>
> PATRUL RINPOCHE, *La parola sacra*

Stai cercando di sviluppare una mente meditativa di una chiarezza intensa, dove la coscienza è luminosa e vigile. Stai anche cercando la stabilità necessaria per riuscire a focalizzarti risolutamente sull'oggetto. Si tratta delle due qualità della mente di cui hai bisogno: *chiarezza intensa* e *stabilità incrollabile*. Che cosa impedisce a queste due qualità di manifestarsi? La fiacchezza – l'eccessivo rilassamento della mente – impedisce lo sviluppo della chiarezza, mentre l'eccitazione – l'eccessiva tensione della mente – impedisce di mantenere la focalizzazione sull'oggetto.

Fiacchezza

Ci sono forme di fiacchezza grossolana, sottile e molto sottile. Nella fiacchezza grossolana l'oggetto non è affatto chiaro e la mente, appesantita, si sente sprofondare. Nella fiacchezza sottile tu rimani sull'oggetto, ma alla mente manca una chiarezza intensa. Nella fiacchezza molto sottile l'intensità è appena insufficiente e la mente appena un po' rilassata.

La fiacchezza si manifesta quando la mente è ritratta in sé nel processo della meditazione che si sta sviluppando. Non si tratta di letargia, che è la pesantezza e l'inservibilità della mente e del corpo derivante dall'ottusità e che può manifestarsi anche quando ci si occupa di un oggetto esterno. Nella letargia il corpo è pesante e così pure la mente, intrappolata nell'oscurità. Riposante, no? Sto scherzando, naturalmente.

Eccitazione

L'eccitazione è uno stato di agitazione mentale, il più delle volte causato dall'attrazione per un oggetto di bramosia esterno. Può essere una qualsiasi forma di distrazione della mente, indipendentemente dal fatto che il nuovo oggetto sia virtuoso, come la carità, non virtuoso, come la bramosia, o neutro, come il cucito. Ci sono forme di eccitazione grossolane e sottili. Nell'eccitazione grossolana tu dimentichi l'oggetto della meditazione e devii verso altri pensieri. Nell'eccitazione sottile l'oggetto non va perduto, ma un angolo della tua mente è occupato da un pensiero che si muove velocemente, come l'acqua che scorre sotto la superficie ghiacciata di un fiume.

Tra una seduta di meditazione e l'altra è importante che tu tenga a freno i sensi, mangi con moderazione e mantenga un'introspezione consapevole del corpo e della mente. In caso contrario, tutte queste cose diventeranno motivi di fiacchezza e di eccitazione. In genere dormire troppo porta alla fiacchezza, mentre le aspettative irrealistiche sui piaceri della vita conducono all'eccitazione.

Durata della seduta

Se la fiacchezza o l'eccitazione interferiscono con la concentrazione e non riesci a contrastarle, invece di persistere testardamente in lunghe sedute di meditazione prova con sedute brevi, ma frequenti. Quando il tuo rendimento sarà migliorato e i problemi saranno diminuiti, potrai allungare i tempi della seduta.

Se il problema è la fiacchezza, giova meditare in un luogo elevato e all'alba. Subito dopo il risveglio i tuoi sensi non sono ancora attivi, ma la forza della mente è già presente. Poiché i tuoi organi sensoriali non sono ancora entrati in funzione, avrai meno distrazioni. Sulla base della mia esperienza ritengo che l'alba sia il momento in cui la mente è più chiara e acuta.

Presenza mentale e introspezione

La presenza mentale è una tecnica per fissare la mente sull'oggetto della meditazione. È l'antidoto alla distrazione. Poiché i principianti posseggono questa capacità in forma ridotta, è necessario l'addestramento per aumentarla, riportando continuamente la mente sull'oggetto.

Controlla ripetutamente se la mente è sull'oggetto oppure no. Ripetendo spesso questa operazione, arriverai a notare subito quando la tua mente è distratta da qualcos'altro. Alla fine ti accorgerai quando la mente *sta per* deviare dall'oggetto e riuscirai a mantenerla su di esso. Questa facoltà si chiama «presenza mentale».

La tecnica per riconoscere se è la fiacchezza oppure l'eccitazione a impedire alla mente di sviluppare chiarezza e stabilità si chiama «introspezione». Questa frequente introspezione per capire se l'oggetto è chiaro e stabile non va fatta con la piena forza della mente, ma come di soppiatto, in modo da non interferire con la focalizzazione della mente sull'oggetto.

Per acquisire una presenza mentale forte devi controllare se la tua focalizzazione sull'oggetto è continua; a questo punto, tuttavia, la funzione specifica dell'introspezione consiste nel vedere se la mente è diventata preda della fiacchezza o dell'eccitazione, e non semplicemente nel vedere se si è mantenuta o meno sull'oggetto. Come afferma lo studioso e yogi indiano Bhavaviveka:

> L'elefante della mente che vaga senza meta
> va saldamente legato con la fune della presenza mentale
> al pilastro di un oggetto di meditazione,
> per essere via via domato con l'uncino della saggezza.

Devi riconoscere, nell'ambito della tua esperienza, quando la tua modalità di meditazione è diventata troppo eccitata o troppo fiacca e scegliere la pratica più adatta a risolvere il problema, come verrà spiegato nei due paragrafi che seguono. A mano a mano che la tua facoltà di introspezione si sviluppa, raggiungerai una sensazione interiore del giusto livello di tensione, come quando si accorda una chitarra fino a trovare il giusto equilibrio, cioè un suono né troppo acuto né troppo sordo. Alla fine, in virtù dell'esperienza che avrai accumulato, sarai in grado di identificare la fiacchezza e l'eccitazione subito prima che insorgano e di affinare le tecniche per prevenire il loro insorgere, tendendo o allentando il modo in cui la mente riconosce l'oggetto.

Meditazione

1. Porta la mente sull'oggetto di meditazione.
2. Mediante l'introspezione controlla di tanto in tanto se la tua mente rimane sull'oggetto.
3. Se scopri che ha deviato, richiama all'attenzione l'oggetto e riporta su di esso la mente ogni qualvolta sia necessario.

In questo modo svilupperai le facoltà della presenza mentale e dell'introspezione.

Applicare i rimedi

Quando, grazie all'introspezione, ti accorgi che la mente è caduta sotto l'influsso della fiacchezza o dell'eccitazione, o se ti accorgi che fiacchezza ed eccitazione stanno per manifestarsi, devi applicare subito dei rimedi. Non basta riconoscere i problemi senza neutralizzarli. Ricorda che l'incapacità di applicare rimedi è di per sé un problema; fai in modo di rendere i rimedi efficaci. Non commettere l'errore di dare poca importanza ai problemi o di ritenere che non riuscirai a risolverli.

Rimedi contro la fiacchezza

Nella fiacchezza, che è causata da un eccessivo ritrarsi in sé, la mente diventa troppo rilassata e manca di intensità poiché la tensione si è indebolita. La pesantezza della mente e del corpo possono fiaccarti, il che può portarti a perdere l'oggetto dell'osservazione, come se tu fossi caduto nell'oscurità; puoi addirittura scivolare nel sonno. Quando comincia a manifestarsi la fiacchezza, è necessario elevare la mente rendendola più tesa.

Se hai bisogno di un'ulteriore tecnica per intensificare la mente, rendi più luminoso o elevato l'oggetto della meditazione, oppure presta maggiore attenzione ai particolari; se il tuo oggetto è l'immagine di Buddha osserva l'arco delle sue sopracciglia. Se ciò non funziona, allora, pur continuando a meditare, abbandona temporaneamente l'oggetto prescelto e pensa a un argomento che ti dà gioia, per esempio alle meravigliose qualità dell'amore e della compassione, o alla splendida opportunità che la vita umana ti offre per dedicarti alla pratica spirituale. Se neppure questo funziona e continui a essere preda di una fiacchezza grossolana o della letargia, puoi addirittura smettere di meditare e recarti in un luogo elevato o in un posto che offra un panorama ampio. Queste tecniche contribuiranno a elevare e a rendere più acuta la tua mente sgonfia.

Rimedi contro l'eccitazione

Nei momenti in cui la tua mente è eccitata e tu hai tentato invano di allentarne la tensione, devi ricorrere a un'altra tecnica perché la mente si ritragga. In un caso del genere può rivelarsi utile abbassare l'oggetto e immaginarlo più pesante. Se non funziona, allora, pur continuando a meditare, abbandona temporaneamente l'oggetto prescelto e pensa a un argomento che ti renda più calmo, per esempio al modo in cui l'ignoranza provoca le sofferenze dell'esistenza ciclica rendendoci succubi delle emozioni distruttive. Oppure puoi riflettere sull'imminenza della morte. È anche utile pensare agli svantaggi dell'oggetto verso il quale la distrazione ti ha portato e agli svantaggi della distrazione in sé. Tali riflessioni costringeranno l'eccessiva rigidezza della mente ad allentarsi un po', dandoti una maggiore capacità di mantenere la mente sull'oggetto dell'osservazione. Quando ciò accade, torna subito all'oggetto originale. Talvolta mi accorgo che, se il mio tempo per la meditazione è limitato dal lavoro che mi aspetta, tale sensazione di impellenza provoca uno sforzo ancora maggiore, che ha l'effetto di rafforzare la presenza mentale.

Abbandonare i rimedi

Quando hai applicato un rimedio con successo, è importante smettere di applicarlo e riportare tutta l'attenzione sull'oggetto della meditazione. Un'eccessiva applicazione di antidoti alla fiacchezza e all'eccitazione, dopo che tali difetti sono stati eliminati, distruggerà la stabilità che stai cercando di acquisire. A questo punto è fondamentale smettere di applicare i rimedi e rimanere semplicemente sull'oggetto, controllando di tanto in tanto se l'eccitazione o la fiacchezza stanno per insorgere.

In seguito, quando sarai diventato molto bravo nella meditazione e non ci sarà più il pericolo di una tensione o di un abbandono eccessivi, perfino il preoccuparsi dell'eventuale necessità di applicare rimedi ostacolerà lo sviluppo della concentrazione su un unico punto. Ciononostante, non smettere troppo presto di tenere un occhio vigile su questi problemi. Descriverò nel prossimo paragrafo quando tale atteggiamento è appropriato.

Livelli dell'avanzamento verso la calma dimorante

Gli insegnamenti buddhisti descrivono nove livelli di avanzamento verso l'effettiva calma dimorante ed essi costituiscono una mappa della meditazione che ti dice dove sei e che cosa devi fare per progredire.

Livello 1. Portare la mente sull'oggetto

Quando, dopo aver letto o ascoltato le istruzioni su come portare la mente su un oggetto di meditazione, cominci a ritrarre in sé la mente e cerchi di collocarla su quel punto, potresti non riuscire a mantenerla sull'oggetto ed essere sommerso da una cascata di pensieri consecutivi. Se è così, ti trovi al primo livello. Potresti avere una tale quantità di pensieri che cercare di meditare sembrerà avere come effetto di farli aumentare, mentre in realtà stai semplicemente prendendo consapevolezza dell'estensione, fino a quel momento non riconosciuta, del tuo divagare. I tuoi tentativi di raggiungere la presenza mentale ti fanno notare quanto sta accadendo.

Livello 2. Posizionamento periodico

Quando utilizzi energicamente la presenza mentale e ti chiedi ripetutamente: «Sono stabile sull'oggetto?», acquisisci la capacità di fissare la mente sull'oggetto per brevi periodi, sebbene la distrazione sia ancora superiore all'attenzione verso l'oggetto. Questo è il secondo livello, durante il quale il pensiero divagante si prende di tanto in tanto una pausa per poi ripresentarsi all'improvviso. I problemi principali nei primi due livelli derivano dalla pigrizia e dall'oblio dell'oggetto, ma anche fiacchezza ed eccitazione impediscono un continuum costante di attenzione meditativa. Nei primi due livelli lavori per *portare* la mente sull'oggetto; in seguito lavorerai per *mantenercela*.

Livello 3. Ritrarsi in sé e riprogrammarsi

A mano a mano che riesci a riconoscere sempre più velocemente la distrazione grazie a una maggiore presenza mentale, diventi capace di riportare sull'oggetto l'attenzione che stava vagando, come se mettessi una toppa su un pezzo di stoffa. La presenza mentale è ormai maturata al punto da riconoscere immediatamente la distrazione.

Livello 4. Rimanere a contatto

Quando, grazie alla piena maturazione della presenza mentale, riesci subito a sconfiggere la pigrizia e l'oblio, passi al quarto livello, dove non perdi l'oggetto nell'oblio. L'eccitazione grossolana è scomparsa, ma ne permangono versioni sottili che di tanto in tanto interferiscono, sebbene non siano in grado di causare la perdita dell'oggetto. Mentre nei primi tre livelli i problemi principali erano la pigrizia e l'oblio, adesso i principali motivi di preoccupazione sono la fiacchezza e l'eccitazione.

Livello 5. Disciplinare la mente

L'introspezione è ormai molto più forte e grazie all'esperienza riconosci i vantaggi della stabilità meditativa. La fiacchezza grossolana non insorge più. Il ritrarsi della mente da oggetti estranei sta andando troppo in là, cosicché diventa necessario applicare rimedi contro la fiacchezza sottile ed elevare così la mente.

Livello 6. Tranquillizzare la mente

Applicando rimedi contro la fiacchezza sottile raggiungi il sesto livello. L'introspezione si è pienamente sviluppata e, grazie all'esperienza, conosci i problemi derivanti dal disperdersi in pensieri e in emozioni distruttive; la fiacchezza sottile non rappresenta un grave pericolo. Tuttavia, proprio quei rimedi che, elevando la mente, eliminano la fiacchezza sottile possono condurre a una mente eccessivamente rinvigorita, da cui il pericolo di generare l'eccitazione sottile.

Livello 7. Tranquillizzare completamente la mente

Applicando i rimedi contro l'eccitazione sottile si raggiunge il settimo livello. Non appena il desiderio, la distrazione, la fiacchezza, la letargia e altre manifestazioni simili si generano in forma anche sottile, le abbandoni con uno sforzo. Adesso non devi più temere di finire preda della fiacchezza sottile o dell'eccitazione. Con lo sforzo riesci ormai a bloccarle, per cui, sebbene siano in grado di provocare brevi interruzioni, non possono danneggiare la tua concentrazione.

Livello 8. Portare la mente su un unico punto

L'intensità dello sforzo è ormai completamente matura cosicché, se lo applichi brevemente all'inizio della seduta, la meditazione sarà priva di fiacchezza e di eccitazione per tutta la sua durata, e sarà possibile mantenere ininterrottamente la stabilità meditativa. Nel corso della seduta non è più necessario controllare se stiano per insorgere fiacchezza o eccitazione. Adesso è possibile abbandonare un simile sforzo, ma ciò non significa allentare il modo intensamente chiaro di percepire l'oggetto.

Livello 9. La mente in posizione di equilibrio

Adesso che hai conseguito la forza della familiarità attraverso tale addestramento, lo sforzo di aumentare la presenza mentale e l'introspezione non è più necessario. La mente va a collocarsi di per sé sul suo oggetto. Il nono livello è spontaneo. Quando all'inizio della seduta porti la mente sull'oggetto, la stabilità meditativa permane senza interruzioni per molto tempo grazie alla sua forza, senza aver neppure bisogno di fare affidamento sul breve sforzo iniziale richiesto dal livello precedente. Ormai non è più necessario applicare rimedi contro qualsiasi tipo di fiacchezza o di eccitazione.

Caratteristiche della calma dimorante

Il nono livello, per quanto spontaneo, è ancora precedente a quello della calma dimorante. Coltivando ulteriormente l'attenzione su un unico punto, ormai priva dei difetti della fiacchezza e dell'eccitazione, si genera la flessibilità della mente e del corpo.

Senti innanzitutto il tuo cervello pesante, anche se in un modo non sgradevole. Senti anche un formicolio in cima alla testa, simile alla sensazione di una mano tiepida appoggiata sul capo dopo che è stato rasato. Questo è un segno che la *flessibilità mentale*, la quale elimina le disfunzioni mentali di ostacolo alla più immediata focalizzazione meditativa, sta per prodursi. Si tratta di una leggerezza mentale generata esclusivamente dalla meditazione quando la mente si assesta felicemente sul proprio oggetto.

Questa flessibilità mentale fa sì che in tutto il corpo circoli un'energia favorevole, producendo una *flessibilità fisica* in grado di rimuovere qualsiasi sgradevolezza e disfunzione fisica che provoca stanchezza e mancanza di entusiasmo per la meditazione. Il corpo si sente leggero come il cotone. Tale flessibilità fisica genera immediatamente una *beatitudine della flessibilità fisica*, una sensazione di benessere che pervade il corpo. A questo punto puoi utilizzare come vuoi il tuo corpo in attività virtuose.

Questo piacere fisico porta al piacere mentale, chiamato «beatitudine della flessibilità mentale», rendendo gioiosa la mente che, inizialmente un po' troppo vivace, diventa via via più stabile. Si acquisisce allora una *flessibilità non fluttuante*. Ciò indica il raggiungimento della vera calma dimorante. Fino a questo momento hai provato solo una sensazione che le assomiglia.

Una volta raggiunta una calma dimorante totalmente qualificata, la tua mente è potentemente concentrata, tanto da purificare le emozioni distruttive allorché si unisce all'intuizione. Quando entri in questo equilibrio meditativo, la flessibilità mentale e quella fisica si generano velocemente, ed è come se la tua mente si mescolasse allo spazio. Quando esci dalla meditazione, è come se il tuo corpo ti risultasse nuovo, e gli aspetti della flessibilità mentale e fisica permangono. Fuori dalla meditazione, la tua mente è stabile come una montagna e così chiara che hai l'impressione di poter contare le particelle su una parete, e tu hai meno emozioni controproducenti perché sei quasi completamente libero dal desiderio di luoghi, suoni, odori, gusti e contatti piacevoli, così come sei libero da intenzioni dannose, letargia, sonnolenza, eccitazione, contrizione e dubbi. Il sonno, inoltre, si trasforma facilmente in meditazione, e in tale stato si fanno molte esperienze meravigliose.

Meditazione

1. Per contrastare la fiacchezza, che è un modo troppo dispersivo di percepire l'oggetto meditativo:
   - Cerca innanzitutto di irrigidire appena un po' il tuo modo di restare sull'oggetto.

- Se questo non funziona, rendi più luminoso o eleva l'oggetto, oppure presta maggiore attenzione ai particolari.
- Se questo non funziona, lascia perdere l'oggetto prescelto e pensa temporaneamente a un argomento gioioso, come le meravigliose qualità dell'amore e della compassione o le splendide opportunità di pratica spirituale che la vita umana offre.
- Se questo non funziona, interrompi la meditazione e recati in un luogo elevato o in un posto da cui si goda di un'ampia visuale.

2. Per contrastare l'eccitazione, che è un modo troppo rigido di percepire l'oggetto meditativo:
   - Cerca innanzitutto di allentare un po' il modo in cui immagini l'oggetto.
   - Se questo non funziona, abbassa l'oggetto nella mente e immaginalo più pesante.
   - Se questo non funziona, lascia perdere l'oggetto prescelto e pensa temporaneamente a un argomento che ti renda più calmo, per esempio al modo in cui l'ignoranza provoca le sofferenze dell'esistenza ciclica, oppure all'imminenza della morte o agli svantaggi dell'oggetto verso il quale hai deviato, e agli svantaggi della distrazione stessa.

Apprendendo queste tecniche svilupperai progressivamente la capacità di applicarle a problemi dei quali sarai consapevole grazie alla qualità dell'attenzione durante la meditazione.

Parte quarta

COME PORRE FINE ALL'AUTOINGANNO

X
Meditare innanzitutto su di sé

> In uno si conoscono tutti.
> In uno inoltre si vedono tutti.
>
> BUDDHA

Poiché è la persona nella sua individualità a provare piacere e dolore, a creare problemi e ad accumulare karma (tutto il chiasso e la confusione che fa l'io), devi cominciare l'analisi da te stesso. Successivamente, quando capisci che la persona è priva di esistenza intrinseca, puoi estendere questa consapevolezza alle cose di cui godi, a quelle che sopporti e a quelle che utilizzi. In questo senso la persona è padrona.

Ecco perché Nagarjuna presenta dapprima l'assenza di sé delle persone e successivamente se ne serve come esempio dell'assenza di sé dei fenomeni. Nella *Preziosa ghirlanda* afferma che:

> Una persona non è terra, non è acqua,
> non è fuoco, non è vento, non è spazio,
> non è la coscienza e non è il loro insieme;
> ma quale persona esiste che non sia fatta di quegli elementi?
> Come la persona non è un assoluto ma un composto di sei elementi costitutivi,
> così anche ciascuno di essi è un composto e non un assoluto.

Così come una persona non esiste intrinsecamente poiché dipende da un insieme di sei elementi costitutivi (la terra, cioè le sostanze dure del corpo; l'acqua, cioè i fluidi; il fuoco, cioè il calore; il vento, cioè l'energia, il movimento; lo spazio, cioè le parti vuote del corpo; e la coscienza), ne deriva che neppure ciascuno degli elementi costitutivi esiste intrinsecamente, essendo a sua volta fondato sulla dipendenza dalle sue parti.

Gli esempi sono più facili da comprendere di ciò che esemplificano. Buddha ne parla nel *Sutra regale della stabilizzazione meditativa*:

> Come sei giunto a conoscere la falsa differenziazione di te,
> applicala mentalmente a tutti i fenomeni.
> Tutti i fenomeni sono completamente vuoti
> di esistenza intrinseca, come lo spazio.
> In uno si conoscono tutti.
> In uno inoltre si vedono tutti.

Quando sai esattamente com'è davvero l'«io», potrai capire tutti i fenomeni interni ed esterni usando la stessa logica. Se si è in grado di vedere come esiste un fenomeno (il sé), si può allo stesso modo conoscere la natura di tutti gli altri fenomeni. Ecco perché nella meditazione si procede sforzandosi innanzitutto di generare la comprensione della propria mancanza di esistenza intrinseca, per poi dedicarsi alla stessa comprensione applicata ad altri fenomeni.

Meditazione

Considera che:

1. La persona è al centro di tutti i problemi.
2. La cosa migliore è, dunque, dedicarsi a comprendere innanzitutto la propria natura.
3. Tale comprensione può essere in seguito applicata alla mente, al corpo, alla casa, all'automobile, al denaro e a tutti gli altri fenomeni.

XI
Comprendere che non si esiste di per sé

> Come un carro è espresso a parole
> in dipendenza dall'insieme delle parti,
> così, convenzionalmente, un essere senziente
> è fondato in dipendenza dagli aggregati mentali e fisici.
>
> BUDDHA

Nel buddhismo il termine «sé» ha due significati che vanno distinti per evitare confusione. Un significato di *sé* è «persona» o «essere vivente». Si tratta dell'essere che ama e odia, che compie azioni e accumula karma buono e cattivo, che sperimenta i frutti di quelle azioni, che rinasce nell'esistenza ciclica, che coltiva cammini spirituali e così via.

L'altro significato di *sé* è contenuto nell'espressione «assenza di sé», dove si riferisce a una condizione dell'esistenza falsamente immaginata e resa eccessivamente concreta, che si chiama «esistenza intrinseca». L'ignoranza che aderisce a tale esagerazione è davvero la fonte della rovina, la madre di tutti gli atteggiamenti sbagliati, forse potremmo addirittura dire demoniaci. Nell'osservare l'«io» che dipende da attributi mentali e fisici, questa mente lo esagera fino a credere a una sua esistenza intrinseca, benché gli elementi mentali e fisici osservati non contengano affatto un essere esagerato di questo tipo.

Qual è la vera condizione di un essere senziente? Come un'automobile esiste in dipendenza dalle sue parti, le ruote, gli assi e via dicendo, così un essere senziente è convenzionalmente fondato in dipendenza dalla mente e dal corpo. Non è possibile trovare una persona separata dalla mente e dal corpo o interna alla mente e al corpo.

Solo di nome

Questo è il motivo per cui il buddhismo descrive l'«io» e tutti gli altri fenomeni come «solo di nome». Ciò non significa che l'«io» e tutti gli altri fenomeni siano semplici parole, perché le parole che definiscono tali fenomeni fanno in effetti riferimento a oggetti reali. Si tratta piuttosto del fatto che questi fenomeni non esistono di per sé; l'espressione «solo di nome» elimina la possibilità che siano fondati a partire dall'oggetto di per sé. Abbiamo bisogno di questa avvertenza perché l'«io» e gli altri fenomeni non sembrano semplicemente fondati dal nome e dal pensiero. Anzi, proprio il contrario.

Noi diciamo, per esempio, che il Dalai Lama è un monaco, un essere umano e un tibetano. Non sembra forse che stiamo dicendo ciò in riferimento non al suo corpo o alla sua anima, ma a qualcosa di distinto? Se non ci fermiamo a riflettere, sembra che ci sia un Dalai Lama separato dal proprio corpo e addirittura indipendente dalla propria mente. Oppure prendi in considerazione te stesso. Se ti chiami Jane, per esempio, diciamo «il corpo di Jane, la mente di Jane», cosicché ti sembra che ci siano una Jane che è proprietaria del suo corpo e della sua mente, e una mente e un corpo che Jane possiede.

Come capire che questa prospettiva è erronea? Focalizziamo l'attenzione sul fatto che nulla dentro la mente e il corpo può essere «io». Mente e corpo sono vuoti di un «io» tangibile. Si tratta invece del fatto che, proprio come un'automobile è fondata *dipendentemente dalle* sue parti e di esse non è neppure la somma, così l'«io» dipende dalla mente e dal corpo. Un «io» che non dipende dalla mente e dal corpo non esiste, mentre un «io» inteso come dipendente dalla mente e dal corpo esiste in accordo con le convenzioni del mondo. Comprendere questo tipo di «io», che non si trova in alcun modo all'interno della mente e del corpo, e che non è neppure la somma della mente e del corpo, ma che esiste solo grazie alla forza del suo nome e dei nostri pensieri, è utile nel momento in cui ci sforziamo di vederci come veramente siamo.

Le quattro fasi verso la comprensione

Ci sono quattro fasi principali che portano a comprendere che non esistiamo nel modo in cui pensiamo. Ne tratterò dapprima brevemente e poi in dettaglio.

La prima fase consiste nell'identificare le convinzioni ignoranti da confutare. Devi fare ciò perché quando effettui l'analisi per cercare te stesso all'interno del corpo e della mente o separato dal corpo e dalla mente, e non lo trovi, potresti erroneamente dedurne che tu non esisti affatto.

Poiché l'«io» appare alla nostra mente come fondato in sé e per sé, quando ricorriamo all'analisi per tentare di trovarlo e non lo troviamo, sembra che l'«io» non esista affatto, mentre a non esistere è soltanto l'«io» indipendente, l'«io» intrinsecamente esistente. Poiché qui c'è il pericolo di inciampare nella negazione e nel nichilismo, è fondamentale in questa prima fase capire che cos'è negato nell'assenza di sé.

Come appare l'«io» alla tua mente? Esso sembra esistere non grazie alla forza del pensiero, ma più concretamente. Devi riconoscere e identificare tale modalità di comprensione. È il tuo obiettivo.

La seconda fase consiste nel decidere che, se l'«io» esiste così come sembra, dev'essere o un tutt'uno con la mente e il corpo o separato da entrambi. Dopo avere verificato che non ci sono altre possibilità, nelle due fasi conclusive analizza se l'«io» e il complesso mente-corpo possono essere o una sola entità intrinsecamente fondata o diverse entità intrinsecamente fondate.

Come vedremo nei due paragrafi che seguono, attraverso la meditazione arriverai gradualmente a capire che ci sono convinzioni erronee in entrambe le versioni dell'«io». A questo punto potrai subito comprendere che un «io» intrinsecamente esistente è infondato. Questa è la comprensione dell'assenza di sé. Una volta capito che l'«io» non è intrinsecamente esistente, ti renderai conto facilmente che ciò che è «mio» non è intrinsecamente esistente.

La prima fase. Identificare l'obiettivo

Di solito qualsiasi cosa appaia alla nostra mente sembra esistere di per sé, indipendentemente dal pensiero. Quando rivolgi l'attenzione a un oggetto – che si tratti di te stesso, di un'altra persona, del corpo, della mente o di una cosa materiale – accetti il modo in cui appare come se fosse la sua condizione finale, interiore e reale. Ciò è chiaramente visibile nei momenti di stress, quando per esempio qualcuno ti critica per qualcosa che non hai fatto: «Hai rovinato la tal cosa». Improvvisamente pensi con decisione: «Non sono stato io!» e magari urli addirittura questa frase a chi ti accusa.

Come appare l'«io» alla tua mente in quel momento? In che modo sembra esistere questo «io» al quale dai così tanto valore e affetto? Come lo comprendi? Riflettendo su queste domande, puoi farti un'idea di come la mente comprenda in modo naturale e innato l'«io» come esistente di per sé, intrinsecamente.

Facciamo un altro esempio. Quando si suppone che tu debba fare qualcosa di importante e scopri di esserti dimenticato di farlo, puoi prendertela con la tua mente: «Che memoria terribile!». Quando ti arrabbi con la mente, l'«io» che è arrabbiato e la mente alla quale rivolgi la tua rabbia sembrano separati l'uno dall'altro.

Lo stesso accade quando te la prendi con il tuo corpo o con una sua parte, per esempio la tua mano. L'«io» che è arrabbiato sembra esistere autonomamente, in sé e per sé, distinto dal corpo con il quale sei arrabbiato. In situazioni del genere puoi notare che l'«io» sembra esistere di per sé, come se fosse autofondante, istituito in virtù del suo stesso carattere. A una tale coscienza l'«io» non appare fondato in dipendenza dalla mente e dal corpo.

Sei in grado di ricordare un'occasione in cui hai fatto qualcosa di orribile e la tua mente ha pensato: «Ho proprio combinato un guaio»? In quel momento ti sei identificato con una sensazione dell'«io» che ha una sua entità concreta, che non è né mente né corpo, ma qualcosa che appare con molta più forza.

Oppure ricorda un'occasione in cui hai fatto qualcosa di stupendo o ti è successo qualcosa di veramente bello, e ne sei stato molto orgoglioso. Questo «io» che è così stimato, curato e amato e che è l'oggetto di una così alta opinione era, dunque, concretamente e vividamente chiaro. In tali momenti il modo in cui intendiamo l'«io» è assolutamente ovvio.

Una volta che hai colto una manifestazione tanto ovvia, puoi far sì che questa forte sensazione dell'«io» appaia alla tua mente e, senza permettere che il modo in cui appare diminuisca di intensità, puoi osservare, come da dietro un angolo, se esiste concretamente come appare. Nel XVII secolo il Quinto Dalai Lama parlò di ciò con grande chiarezza:

> Talvolta l'«io» sembrerà esistere nel contesto del corpo. Talvolta sembrerà esistere nel contesto della mente. Talvolta sembrerà esistere nel contesto di sensazioni, discriminazioni o altri fattori. Dopo aver notato tutta questa gamma di suoi modi di apparire, arriverai a identificare un «io» che esiste di per sé, che esiste in modo intrinseco, che è autofondato fin dall'inizio, che esiste non differenziato rispetto alla mente e al corpo, mescolati a loro volta come latte e acqua. Questo è il primo passo: l'accertamento che l'oggetto va negato nella prospettiva dell'assenza di sé. Dovrai lavorarci finché non sorge un'esperienza profonda.

Le tre rimanenti fasi, discusse nei tre capitoli che seguono, mirano a comprendere che questa versione dell'«io», alla quale crediamo così tanto e che determina tanta parte del nostro comportamento, è in realtà un prodotto dell'immaginazione. Questo «io» concreto non esiste affatto. Perché le fasi successive funzionino, è fondamentale identificare e sostenere questa forte sensazione di un «io» autofondante.

Meditazione

1. Immagina che qualcuno ti critichi per qualcosa che in realtà non hai fatto, che ti indichi con un dito e dica: «Hai rovinato la tal cosa».
2. Osserva la tua reazione. Come appare l'«io» alla tua mente?
3. In che modo lo percepisci?
4. Nota come tale «io» sembri esistere di per sé, essere autofondante e istituito in virtù del suo stesso carattere.

Inoltre

1. Ricorda un'occasione in cui eri stufo della tua mente, come quando, per esempio, non riuscivi a ricordare qualcosa.
2. Riesamina le tue sensazioni. Come appariva l'«io» alla tua mente in quell'occasione?
3. In che modo lo percepivi?
4. Nota come tale «io» sembri esistere di per sé, essere autofondante e istituito in virtù del suo stesso carattere.

Inoltre

1. Ricorda un'occasione in cui eri stufo del tuo corpo o di una sua parte, per esempio dei capelli.
2. Osserva le tue sensazioni. Come appariva l'«io» alla tua mente in quell'occasione?
3. In che modo lo percepivi?
4. Nota come tale «io» sembri esistere di per sé, essere autofondante e istituito in virtù del suo stesso carattere.

Inoltre

1. Ricorda un'occasione in cui hai fatto qualcosa di orribile e hai pensato: «Ho combinato proprio un bel guaio».
2. Esamina le tue sensazioni. Come appariva l'«io» alla tua mente in quell'occasione?

3. In che modo lo percepivi?
4. Nota come tale «io» sembri esistere di per sé, essere autofondante e istituito in virtù del suo stesso carattere.

Inoltre

1. Ricorda un'occasione in cui hai fatto qualcosa di stupendo che ti ha riempito d'orgoglio.
2. Esamina le tue sensazioni. Come appariva l'«io» alla tua mente in quell'occasione?
3. In che modo lo percepivi?
4. Nota come tale «io» sembri esistere di per sé, essere autofondante e istituito in virtù del suo stesso carattere.

Inoltre

1. Ricorda un'occasione in cui ti è successo qualcosa di meraviglioso che ti ha dato un grande piacere.
2. Osserva le tue sensazioni. Come appariva l'«io» alla tua mente in quell'occasione?
3. In che modo lo percepivi?
4. Nota come tale «io» sembri esistere di per sé, essere autofondante e istituito in virtù del suo stesso carattere.

XII
Determinare le scelte

> Quando i fenomeni sono analizzati individualmente come privi di sé
> e ciò che si è analizzato diventa oggetto di meditazione,
> quella è la causa da cui si ottiene il frutto, il nirvana.
> Non si raggiunge la pace passando per qualsiasi altra causa.
>
> BUDDHA

Nella prima fase hai capito come appari alla tua mente. Tale comprensione era necessaria perché, se non ti fai un'idea di che cos'è l'esistenza intrinseca, quand'anche tu parlassi di assenza di sé o di vacuità sarebbero solo parole. Dopo avere identificato la sensazione che gli oggetti esistono in virtù di una loro facoltà interna, quando poi studi e mediti sull'assenza di sé e sulla vacuità, si apre la strada affinché una qualche comprensione dell'assenza di un'esistenza eccessivamente concreta entri nella tua mente. Ciononostante, pur senza sapere come gli oggetti sembrino possedere tale condizione e come tu l'accetti, potresti avere l'impressione che i grandi trattati sulla vacuità stiano solo tentando di costringerti ad accettare quello che dicono. Continua, dunque, a ritornare alla prima fase perché, a mano a mano che la tua conoscenza si approfondisce, la tua valutazione dell'obiettivo sottoposto a indagine diventerà sempre più sottile.

La seconda fase. Limitare le possibilità

Adesso devi stabilire una struttura logica per la successiva analisi. In generale, qualsiasi cosa tu porti alla mente dev'essere o una o più di una, o singolare o plurale. È ovvio, per esempio, che un pilastro di pietra e una pentola di ferro sono plurali; una coppa è una cosa sola, singolare.

Stando così le cose, ciò che è intrinsecamente fondato deve anche essere o una sola entità o diverse entità; non esiste altra possibilità. Ciò significa che, se l'«io» esiste intrinsecamente, dev'essere o una cosa sola con la mente e con il corpo, o del tutto diverso dalla mente e dal corpo.

È indispensabile che tu valuti questi parametri. Sono il contesto in cui, nelle ultime due fasi, si esamina se l'obiettivo che tu hai identificato nella prima fase esiste in modo concreto. Se sì, dev'essere in grado di superare questa analisi.

Meditazione

1. Analizza se l'«io» che è intrinsecamente autofondato nel contesto del complesso mente-corpo potrebbe esistere in qualche modo senza essere parte di, o separato da, mente e corpo.
2. Considera altri fenomeni – come una tazza e un tavolo oppure una casa e una montagna – a titolo di esempio. Osserva che non esiste una terza categoria di esistenza. Essi sono o la stessa cosa o diversi.
3. Decidi che, se l'«io» esiste intrinsecamente come sembra, dev'essere o una cosa sola con la mente e il corpo o separato dalla mente e dal corpo.

XIII
Analizzare l'unità

> La dottrina suprema per la purificazione della mente
> è l'assenza di esistenza intrinseca.
>
> NAGARJUNA, *Lode della realtà*

Adesso sei pronto ad analizzare se l'«io» potrebbe essere una cosa sola con la mente e con il corpo. Prendi in considerazione le seguenti implicazioni. Se l'«io» è fondato in sé e per sé, come appare alla nostra mente, e se esso è anche la stessa cosa di mente-corpo, allora «io» e mente-corpo non potrebbero differire in alcun modo. Dovrebbero essere completamente e in ogni aspetto la stessa cosa. I fenomeni che appaiono in un modo, ma esistono in un altro sono falsi, mentre è impossibile che quanto è realmente fondato presenti un conflitto tra apparenza e realtà. Ciò che è vero deve apparire nel modo in cui esiste e deve esistere nel modo in cui appare.

Se l'«io» è la stessa cosa del complesso mente-corpo, ha ancora senso affermare l'esistenza dell'«io»? Nel *Trattato fondamentale sulla Via di Mezzo chiamato «Saggezza»* Nagarjuna afferma che:

> Quando si decide che il sé non esiste
> se non come complesso mente-corpo,
> allora il complesso mente-corpo stesso sarebbe il sé.
> Se è così, il tuo sé non esiste.

Se l'«io» e il complesso mente-corpo sono esattamente la stessa cosa, sarebbe impossibile pensare al «mio corpo», alla «mia testa» o alla «mia mente», oppure supporre che «il mio corpo sta diventando più forte». Inoltre, se il sé e mente-corpo sono una cosa sola, allora nel momento in cui la mente e il corpo non esistono più, neppure il sé esisterebbe.

Un secondo problema è che, essendo la mente e il corpo plurali, anche i sé di una persona dovrebbero esserlo. Come dice Chandrakirti:

> Se la mente e il corpo fossero il sé,
> essendo la mente e il corpo plurali
> dovrebbero essere plurali anche i sé.

Oppure, come il sé è uno, così anche la mente e il corpo dovrebbero esserlo, il che è assurdo.

Un terzo problema è che, come la mente e il corpo sono prodotti e si disintegrano, così l'«io» dovrebbe essere prodotto intrinsecamente e dovrebbe disintegrarsi intrinsecamente. Sebbene noi buddhisti accettiamo che il sé è prodotto e si disintegra, sosteniamo che è così *per convenzione*, e non intrinsecamente e di per sé. In assenza di esistenza intrinseca è possibile che una serie di momenti, e anche di esistenze, formino un continuum in cui il successivo dipende dal precedente. Tuttavia, se il sé è prodotto intrinsecamente e si disintegra intrinsecamente, è impossibile che per i momenti attuali della tua esistenza dipenda da momenti precedenti, poiché ogni momento sarebbe prodotto e si disintegrerebbe in sé e per sé, senza dipendere da nient'altro. In questo caso le vite precedenti sarebbero impossibili, perché ognuna di esse esisterebbe in sé e per sé.

Buddha parlò del ricordo di esistenze precedenti e alcuni interpretano erroneamente questo fatto nel senso che il Buddha dopo l'illuminazione e l'individuo che era in una vita precedente sarebbero un'unica e identica cosa, e dunque permanenti. Tuttavia, nel descrivere le esistenze precedenti Buddha fu particolarmente attento a non specificare che la persona della sua vita attuale in un luogo e in un momento specifico era la persona precedente in un luogo e in un momento specifico. Parlò in termini generali, affermando semplicemente: «In passato Shakyamuni Buddha era una persona così e così».

In questo modo, l'agente delle azioni (karma) in un'esistenza precedente e l'agente che subisce gli effetti di quei karma sono inclusi nel continuum di quello che i buddhisti chiamano l'«io non intrinsecamente esistente» (o «semplice io») che si sposta da un'esistenza all'altra. Se, invece, l'«io» fosse prodotto intrinsecamente e si disintegrasse intrinsecamente, tale continuità risulterebbe impossibile dal momento che le due esistenze – la persona che ha commesso l'azione e quella che ne subisce gli effetti – non sarebbero correlate. Ciò causerebbe l'assurdità per cui gli effetti piacevoli delle azioni virtuose e gli effetti dolorosi delle azioni non virtuose non ci porterebbero frutti; gli effetti di quelle azioni andrebbero perduti. Inoltre, poiché subiamo innegabilmente gli effetti delle azioni, dovremmo subire gli effetti di azioni che non abbiamo commesso.

Meditazione

Rifletti sulle conseguenze derivanti dall'ipotesi che l'«io» sia fondato in sé e per sé, in conformità al modo in cui appare alla nostra mente, e sia anche la stessa cosa del complesso mente-corpo:

1. L'«io» e mente-corpo dovrebbero essere completamente e in ogni aspetto una sola cosa.
2. In tal caso affermare un «io» non avrebbe senso.
3. Sarebbe impossibile pensare al «mio corpo», alla «mia testa» o alla «mia mente».
4. Nel momento in cui la mente e il corpo non esistono più, neppure il sé esisterebbe.
5. Poiché la mente e il corpo sono plurali, anche i sé di una persona sarebbero plurali.
6. Poiché l'«io» è solo uno, anche la mente e il corpo sarebbero uno.
7. Come la mente e il corpo sono prodotti e si disintegrano, così bisognerebbe affermare che l'«io» è prodotto

intrinsecamente e si disintegra intrinsecamente. In tal caso né gli effetti piacevoli delle azioni virtuose né gli effetti dolorosi delle azioni non virtuose ci porterebbero frutti, o noi sperimenteremmo gli effetti di azioni che non abbiamo commesso.

Ricorda: ciò che è fondato intrinsecamente non può essere incluso nello stesso continuum, ma dev'essere diverso e senza correlazione. Per capire ciò devi comprendere chiaramente che l'«io» e gli altri fenomeni di solito ti appaiono autofondanti e che di solito accetti tale apparenza e agisci di conseguenza. Questo è il tipo di esistenza esagerata che stiamo esaminando.

XIV
Analizzare la differenza

> Come si dice che l'immagine riflessa del viso
> dipende da uno specchio,
> ma di fatto non esiste [come viso],
> così il concetto dell'«io» esiste
> in dipendenza degli aggregati,
> ma, come l'immagine riflessa del viso,
> in realtà l'«io» non esiste.
>
> NAGARJUNA, *La preziosa ghirlanda*

Analizziamo ora se l'«io» e mente-corpo potrebbero essere diversi. Consideriamo le seguenti implicazioni. Le cose mentali e fisiche sono chiamate «fenomeni composti» perché sono prodotte, perdurano e si disintegrano un istante dopo l'altro. Tali caratteristiche rivelano che i fattori mentali e fisici esistono in virtù di cause e condizioni specifiche, e sono perciò impermanenti.

Se l'«io» e l'intera gamma di fenomeni impermanenti fossero intrinsecamente diversi, l'«io» assurdamente non avrebbe le caratteristiche dei fenomeni impermanenti e cioè di essere prodotto, di perdurare e di disintegrarsi, così come un cavallo, poiché è un'entità diversa da un elefante, non ha i tratti distintivi di un elefante. Chandrakirti dice:

> Se si asserisce che il sé è diverso dalla mente e dal corpo, allora così come la coscienza è diversa dal corpo, il sé sarebbe fondato su un carattere completamente diverso dalla mente e dal corpo.

Se, dunque, l'«io» e il complesso mente-corpo fossero intrinsecamente diversi, l'«io» dovrebbe essere qualcosa di falsamente immaginato o un fenomeno permanente. Inoltre non potrebbe avere le caratteristiche particolari né del corpo né della mente, cosicché andrebbe osservato come del tutto separato dalla mente e dal corpo. Quando si indaga su che cosa è l'«io», ne dovrebbe risultare qualcosa di assolutamente separato dal corpo e dalla mente, il che è impossibile. L'«io» è percepito solo nel contesto della mente e del corpo. Chandrakirti dice:

> Non esiste altro sé che il complesso mente-corpo poiché al di fuori del complesso mente-corpo esso è inconcepibile.

Meditazione

Rifletti sulle conseguenze derivanti dall'ipotesi che l'«io» sia fondato in sé e per sé, in conformità al modo in cui appare alla nostra mente, e sia anche intrinsecamente diverso dal complesso mente-corpo:

1. L'«io» e mente-corpo dovrebbero essere completamente separati.
2. In tal caso dovrebbe essere possibile trovare l'«io» dopo avere liberato il campo dalla mente e dal corpo.
3. L'«io» non avrebbe le caratteristiche dell'essere prodotto, del perdurare e del disintegrarsi, il che è assurdo.
4. L'«io» dovrebbe essere solo un prodotto dell'immaginazione o essere permanente, il che è assurdo.
5. L'«io» non avrebbe alcuna caratteristica fisica o mentale, il che è assurdo.

XV
Giungere a una conclusione

> Più tardi è accertata la realtà
> di ciò che prima si credeva per ignoranza.
>
> NAGARJUNA, *La preziosa ghirlanda*

Verso la metà del XVII secolo il Quinto Dalai Lama sottolineava l'importanza del fatto che l'analisi non diventasse meccanica, ma si mantenesse vitale. Quando cerchi un «io» concretamente esistente e non lo trovi né uguale alla mente e al corpo, né intrinsecamente diverso da essi, è fondamentale che la ricerca sia esauriente; altrimenti, non percepirai l'impatto del non averlo trovato. Il Quinto Dalai Lama scrisse:

> Non è sufficiente che la modalità del non trovare sia semplicemente una ripetizione dell'espressione impoverita «non trovato». Se, per esempio, si perde un bue, non per questo si ritiene vero il semplice enunciato «Non è nella tal zona». È piuttosto cercandolo a fondo sulle alture, nelle zone interne e nelle pianure di quella zona, che si arriva a stabilire con decisione che non può essere trovato. Allo stesso modo, qui, la convinzione si genera meditando fino a giungere a una conclusione.

Se affronterai l'analisi in questo modo, comincerai a mettere in dubbio la forte sensazione di un «io» autofondante che prima sembrava esistere in modo così tangibile. Un po' alla volta ti troverai a pensare: «Ah! Prima sembrava tanto vero, ma forse in realtà non lo è». Poi, proseguendo nell'analisi, ti convincerai (non solo superficialmente, ma in profondità) che un «io» del genere non esiste affatto. Andrai oltre le mere parole e arriverai alla convinzione che, per quanto appaia in modo del tutto concreto, esso non esiste in quei termini. Questa è l'impronta dell'analisi estesa: la decisione dall'interno della propria mente che questa specie di «io» in realtà non esiste.

Spesso, quando sto per tenere una lezione davanti a una platea gremita, noto che alla mia mente ogni persona del pubblico sembra esistere sulla propria sedia in virtù della propria forza, anziché esistere soltanto in virtù della forza del pensiero, e cioè solo convenzionalmente. Tutte quelle persone sembrano esistere in una condizione di esagerata concretezza; è così che sembrano, così che appaiono, così che si presentano alla mia mente. Ma se esistessero in tal modo, dovrebbero essere rintracciabili con il tipo di esame che ho appena descritto, mentre invece non possono. C'è un conflitto tra il modo in cui appaiono e quello in cui esistono in realtà. Pertanto, richiamo alla mente tutto ciò che so sull'assenza del sé, riflettendo per esempio su un enunciato che compare nel *Trattato fondamentale sulla Via di Mezzo chiamato «Saggezza»* di Nagarjuna, laddove esamina la possibilità che Buddha esista intrinsecamente:

> Il Buddha non è il suo complesso mente-corpo.
> Egli non è altro che il suo complesso mente-corpo.
> Il complesso mente-corpo non è in lui; egli non è in esso.
> Non lo possiede. Qual è il Buddha?

Nagarjuna ricorre a Buddha come esempio dell'essere privi di sé, dell'assenza di una persona intrinsecamente esistente. Allo stesso modo dobbiamo riflettere sulla nostra assenza di sé. Quando applico tale riflessione a me stesso, penso:

> Il monaco Tenzin Gyatso non è il suo complesso mente-corpo.
> Egli non è altro che il suo complesso mente-corpo.
> Il complesso mente-corpo non è in lui; lui non è in esso.
> Lui non lo possiede. Qual è Tenzin Gyatso?

Il monaco Tenzin Gyatso non è nulla nel suo complesso mente-corpo, che va dalla cima della sua testa alla pianta dei suoi piedi. Quando cerco il monaco Tenzin Gyatso non trovo alcunché: né la coscienza visiva, né quella uditiva, né quella olfattiva, né quella gustativa, né quella fisica e neppure quella mentale; né la coscienza della veglia, né quella del sogno, né quella del sonno profondo e alla fine neppure quella della chiara luce della morte. Qualcuna di queste cose è Tenzin Gyatso? Non si trova nulla che sia Tenzin Gyatso.

Inoltre, non c'è nulla fuori dal complesso mente-corpo che sia Tenzin Gyatso. Tenzin Gyatso non dipende dal complesso mente-corpo come entità separata, al pari di un leone in un gruppo di alberi; il complesso mente-corpo, a sua volta, non dipende da Tenzin Gyatso come entità separata, al pari di una foresta nella neve; entrambe queste possibilità richiederebbero che Tenzin Gyatso e il complesso mente-corpo fossero entità differenti, il che è impossibile. Inoltre, Tenzin Gyatso non possiede il complesso mente-corpo come una persona possiede una mucca, il che implicherebbe entità diverse, e neppure come un albero possiede la sua parte più interna, poiché sarebbero la stessa entità.

Qual è, dunque, Tenzin Gyatso? Di certo non si può trovare nulla, né come parte del complesso mente-corpo, né che dipenda dal complesso mente-corpo come entità separata, né che sia in possesso del complesso mente-corpo, e infine neppure come il continuum del complesso mente-corpo. È chiaro che il sé è semplicemente fondato in dipendenza dal complesso mente-corpo.

Tale analisi è in antitesi con il modo in cui pensiamo normalmente. Quando penso: «Sono un monaco», nella mia mente c'è un'apparenza del monaco al quale appartengono il corpo e la mente. Siamo tutti esseri umani, ovviamente, ma quando ci identifichiamo come persone e quando identifichiamo qualcun altro come una persona diversa, queste due forme appaiono in modo estremamente concreto. Eppure, quando cerchiamo con l'analisi di determinare che cos'è in realtà la persona – quando analizziamo se questa persona è un determinato tipo di mente e di corpo – non troviamo nulla corrispondente proprio a quella persona. Inoltre, non è possibile che qualcosa di completamente separato dalla mente e dal corpo sia quella persona. Stando così le cose, l'analisi buddhista ci insegna che una persona è fondata solo in dipendenza dalla mente e dal corpo.

Quando ricorro all'analisi, capisco che ciò che in origine sembrava così tangibile non esiste affatto come si presenta. La persona che sembrava esistere in maniera tanto evidente non può essere trovata. Ciò che sembrava esistere di per sé è visto dipendere dal pensiero.

Riflettendo su ciò, quando guardo un pubblico vedo che tutte queste decine di migliaia di persone stanno pensando «Io», «Io», «Io», «Io» in un modo erroneo e destinato a metterle nei guai. Vederle così mi aiuta, e aiuterà te a tirar fuori un'affettuosa preoccupazione per gli esseri intrappolati in concezioni erronee. Spesso inizio così le mie lezioni.

Meditando e coltivando progressivamente queste quattro fasi, svilupperai una capacità di esaminare tutto e tutti, vedendo il conflitto tra apparenza e realtà e decidendo dal profondo che persone e cose non esistono nel modo in cui appaiono. Ciò che questa mente assolutamente risoluta comprende è l'assenza dell'«io» intrinsecamente esistente, per quanto l'abitudine di crederci con forza sia radicata. Adesso capisci perfettamente la negazione dell'esistenza intrinseca. La tua mente diventa assorta in tale vacuità.

Meditazione

Riprendi più volte le quattro fasi verso la comprensione:

1. Concentrati sull'obiettivo, l'apparenza dell'«io» come se fosse fondato in sé e per sé.
2. Decidi che se l'«io» esiste nel modo che sembra, deve essere o una cosa sola con la mente e con il corpo o separato dalla mente e dal corpo.

3. Contempla a fondo i problemi legati al fatto che l'«io» e il complesso mente-corpo siano la stessa cosa.

- L'«io» e mente-corpo dovrebbero essere completamente e in ogni aspetto una sola cosa.
- In tal caso affermare un «io» non avrebbe senso.
- Sarebbe impossibile pensare al «mio corpo», alla «mia testa» o alla «mia mente».
- Nel momento in cui la mente e il corpo non esistono più, neppure il sé esisterebbe.
- Poiché la mente e il corpo sono plurali, anche i sé di una persona sarebbero plurali.
- Poiché l'«io» è solo uno, anche la mente e il corpo sarebbero uno.
- Come la mente e il corpo sono prodotti e si disintegrano, così bisognerebbe affermare che l'«io» è prodotto intrinsecamente e si disintegra intrinsecamente. In tal caso né gli effetti piacevoli delle azioni virtuose né gli effetti dolorosi delle azioni non virtuose ci porterebbero frutti, o noi sperimenteremmo gli effetti di azioni che non abbiamo commesso.

4. Contempla a fondo i problemi derivanti dal fatto che l'«io» e il complesso mente-corpo siano intrinsecamente diversi.

- L'«io» e mente-corpo dovrebbero essere completamente separati.
- In tal caso dovrebbe essere possibile trovare l'«io» dopo avere liberato il campo dalla mente e dal corpo.
- L'«io» non avrebbe le caratteristiche dell'essere prodotto, del perdurare e del disintegrarsi, il che è assurdo.
- L'«io» dovrebbe essere solo un prodotto dell'immaginazione o essere permanente, il che è assurdo.
- L'«io» non avrebbe alcuna caratteristica fisica o mentale, il che è assurdo.

XVI
Saggiare la propria comprensione

> Come un'alimentazione sbagliata
> manda in rovina e un'alimentazione giusta
> procaccia lunga vita, libertà
> dalla malattia, forza e piacere,
> così l'errata comprensione
> porta alla rovina,
> mentre la giusta comprensione
> procura beatitudine e illuminazione totale.
>
> NAGARJUNA, *La preziosa ghirlanda*

Una volta applicata l'analisi a te stesso durante la ricerca di un «io» dotato di esistenza intrinseca, finisci per sperimentare un mancato ritrovamento dell'«io»; ma si tratta della vacuità di esistenza intrinseca o di qualcosa di più grossolano? Al livello più grossolano troviamo una persona che «non è sostanzialmente esistente nel senso di essere autosufficiente» e al livello più sottile una persona che «non è intrinsecamente esistente». Può darsi che tu concluda erroneamente di avere compreso la vacuità più sottile, quando in realtà hai capito solo quella più grossolana.

Entrambe le comprensioni sono utili, e capire quella più grossolana aiuterà certamente ad acquisire consapevolezza di quella più sottile, ma è importante non confonderle. Per capire la differenza, prima di tutto ripercorri il ragionamento riassunto nel capitolo XV; poi, quando la sensazione che l'«io» sia autofondante si sgretola, e per la tua mente svanisce in una vacuità, sposta l'oggetto dell'indagine dall'«io» al tuo corpo o a una sua parte, per esempio il braccio.

Se la sensazione che il tuo corpo o il tuo braccio sia autofondante svanisce immediatamente, e l'assenza di una tale condizione appare alla tua mente, è un segno che la tua comprensione della vacuità dell'«io» è avvenuta al livello più sottile. Se, invece, la forza del ragionamento precedente non si applica immediatamente al tuo corpo o al tuo braccio, ciò dimostra che la tua comprensione della vacuità dell'«io» non è così profonda, ma è avvenuta a un livello più grossolano.

Se permane una qualche sensazione dell'esistenza concreta di quest'altro fenomeno, la tua precedente analisi non è stata così profonda come sembrava. È per questo motivo che Nagarjuna afferma che:

> Il falso concetto di un «io» sussiste fintanto
> che si ha un falso concetto degli aggregati [della mente
>   e del corpo].

Come esprimere la differenza tra percezioni erronee sottili e grossolane

Una possibile ragione per la comprensione dell'«io» non esteso ad altri fenomeni è che l'identificazione iniziale di un «io» autofondante è stata fatta nel contesto di un *palese* caso di esagerazione del tuo sé, a cui hai reagito con la bramosia, con l'odio, con un atteggiamento difensivo o emozioni simili. Secondo tale identificazione grossolana, può sembrare che in circostanze ordinarie la tua sensazione dell'«io» non sia mescolata con un'apparenza di un «io» autofondante. In effetti, però, lo è, anche se a un livello più sottile. Ecco perché la comprensione originale, per quanto utile, non ha la forza che potrebbe avere.

Desidero soffermarmi in dettaglio su questo punto, per cui ti prego di avere pazienza. Dobbiamo innanzitutto affrontare un quesito avvincente: se una persona non è né mente né corpo, e neppure una combinazione dei due, o qualcosa di diverso da questi elementi, allora che cosa stiamo guardando quando consideriamo l'«io»? I nostri testi ci dicono che ciò a cui stiamo prestando attenzione è un «io», o una persona, fondato dipendentemente. Stiamo prestando attenzione, anche se non lo comprendiamo correttamente, al solo «io», quello che i buddhisti chiamano il «semplice io». Poiché fraintendere mente e corpo come intrinsecamente esistenti precede di poco la percezione erronea dell'«io», può sembrare che ciò a cui rivolgiamo l'attenzione quando consideriamo l'«io» siano la mente e il corpo, mentre in realtà è l'«io» stesso.

Nondimeno, il fatto è che qualunque cosa appaia ora alla nostra mente – sia ai nostri sensi sia alla nostra coscienza mentale – è mescolata a un'esagerazione della sua condizione. Tutte le apparenze di oggetti esterni e interni, incluso l'«io», sono mescolate alla sensazione che gli oggetti esistano di per sé; per questa ragione le nostre coscienze si sbagliano in merito a ciò che appare loro, anche quando hanno ragione riguardo a certe osservazioni, come il vedere blu un oggetto blu o l'identificare una porta come una porta. Tali menti hanno ragione sugli oggetti in generale, ma si sbagliano in relazione al fatto che, a causa delle nostre predisposizioni, gli oggetti vengono visti con una patina di esistenza intrinseca.

Perciò se, quando mediti, accetti l'apparenza di te così com'è e passi a confutare qualche ulteriore sensazione di esistenza intrinseca, hai già trascurato un esempio fondamentale di quella esistenza intrinseca che stai cercando di confutare. Certo, tu esisti, ma questo «io» non esiste nel modo in cui appare alla tua mente. Ecco perché nel XVII secolo il Primo Panchen Lama sottolineava che l'esistenza intrinseca va confutata proprio in relazione a quel primo «io» che di solito appare.

Questo «io» non esiste. Quando ti accorgi di ciò, la percezione erronea di fondo viene neutralizzata, mentre, se fai come se quell'io esistesse e procedi con l'analisi, non arriverai mai al nocciolo della questione. Ciò accade perché il «semplice io» (l'«io» non intrinsecamente esistente) e l'«io» intrinsecamente esistente sono attualmente fusi insieme. Perciò devi considerare che questo «io» al quale stai rivolgendo la tua attenzione non esiste così come appare. Se, invece, consideri vero questo «io» e cerchi solo di provare che non esiste *in ultima analisi*, fraintenderai la natura della sua vacuità, com'è stato spiegato nel capitolo VII.

Necessità della perseveranza

La necessità di raggiungere questo livello più profondo è il motivo per cui devi continuare a esercitarti ad alternare l'identificazione di una sensazione sempre più sottile di come quell'«io» appare e l'uso della logica per verificare se quell'apparenza è in grado di reggere all'analisi. Grazie a questo processo approfondirai progressivamente la comprensione sia di che cos'è una percezione esagerata del sé sia della fragilità del suo fondamento.

Come i grandi testi affermano, con l'esperienza comincerai a distinguere fra esistenza ed esistenza intrinseca. I grandi testi ci impongono di evitare sia l'estremo che consiste nell'esagerare la natura delle persone e delle cose, sia l'estremo opposto, che consiste nel ritenere che le persone e le cose non esistano affatto. Esse esistono di sicuro; il problema è come esistono.

Quando progredisci verso la comprensione che le cose e le persone non possono essere trovate con l'analisi, ma tieni a mente che in effetti esistono, puoi forse cominciare a sentire l'impatto dell'enunciato secondo cui esistono grazie alla forza del pensiero. Ciò, a sua volta, ti costringerà a riflettere ulteriormente su come le persone e le cose appaiono alla tua mente e scardinerà la tua fiducia nella bontà o meno di tali apparenze che, in precedenza, accettavi automaticamente come intrinseche agli oggetti. Comincerai a notare come approvi l'apparenza degli oggetti e come li intendi.

La meditazione è, dunque, un viaggio lungo, non una semplice intuizione e neppure una serie di intuizioni. Con il passare dei giorni, dei mesi e degli anni, diventa progressivamente più profonda. Continua a leggere, a pensare e a meditare.

Meditazione

1. Ripercorri le quattro fasi dell'analisi descritte nel capitolo XV.
2. Quando la sensazione che l'«io» sia autofondante si sgretola e svanisce in una vacuità, passa a considerare, per esempio, il tuo braccio.
3. Vedi se la sensazione che il tuo braccio esista intrinsecamente svanisce subito in virtù del ragionamento precedente.
4. Se l'analisi precedente non si applica immediatamente al tuo braccio, la tua comprensione è ancora a un livello grossolano.

Continuare ad allenarsi

La prova che l'assenza di un'esistenza solida e concreta dell'«io» ha davvero lasciato il segno su di te si ha quando consideri il corpo o la mente e non consideri più vera la loro apparenza. Smetti di investire tanta fiducia nella loro apparenza esagerata perché sei rimasto colpito dall'assenza di esistenza intrinseca, che hai scoperto grazie all'analisi meditativa. Questo calo della fiducia nella verità delle apparenze è un segno di successo e, perseverando nel meditare, può diventare sempre più forte. È grazie a questo processo che ti avvicini sempre di più al vederti come realmente sei.

La comprensione della vacuità è difficile, ma arriverà se continui a lavorarci sopra e ad analizzare. Capirai che cosa significa cercare l'esistenza intrinseca e non trovarla, cercare ciò che si immagina con forza e non trovarlo. Questo non trovare appare alla mente come vacuità, prima debolmente e poi con progressiva chiarezza. Sebbene le intuizioni iniziali non siano le più profonde, lo diventeranno allorché continuerai questo processo.

Grazie a una sensazione preliminare di vacuità otterrai una sensazione più chiara di che cosa sia l'ignoranza e questo ti porterà a una migliore esperienza della vacuità. Una migliore conoscenza della vacuità, a sua volta, aumenterà la capacità di identificare l'ignoranza e ciò che è negato. Tale identificazione approfondirà l'impatto del ragionamento a mano a mano che lo userai, inducendo una comprensione sempre più avanzata e scardinando la credenza in ciò che è esagerato. È così che eliminerai i problemi.

XVII

Estendere questa intuizione a ciò che si possiede

> Così come sei giunto a conoscere
> la falsa discriminazione di te stesso,
> applicala mentalmente a tutti i fenomeni.
>
> BUDDHA

Ricapitoliamo: se esiste un «io» concreto, dovrebbe essere o tutt'uno con mente-corpo o diverso da mente-corpo. Poiché entrambe le possibilità sono viziate da errori di logica, devi arrivare alla conclusione che un «io» così concreto non esiste affatto.

Una volta che tu abbia capito che un «io» intrinsecamente esistente non esiste, è abbastanza facile comprendere che la sensazione di una proprietà intrinsecamente esistente è erronea. La mente e il corpo sono oggetti usati da quell'«io». L'«io» è come un proprietario al quale mente e corpo appartengono. In effetti si dice: «Il mio corpo è un po' giù di tono» oppure «Il mio corpo è in forma». Tali enunciati sono validi. Anche se non pensi: «Questo sono io» quando ti guardi un braccio, nel momento in cui il braccio ti fa male di sicuro pensi: «Soffro, non sto bene». Ciononostante è chiaro che l'«io» e il corpo sono diversi; il corpo appartiene all'«io».

Analogamente parliamo della «mia mente», e magari diciamo: «La mia memoria è debole, qualcosa non funziona». Tu addestri la mente che, come un allievo indisciplinato, deve imparare a fare quello che vuoi tu.

In questo senso il corpo e la mente appartengono all'«io» e l'«io» è il loro proprietario. Sebbene sia innegabile che ciascuno di essi svolga le proprie funzioni, non c'è un «io» indipendente, separato dalla mente e dal corpo, che li possieda. Gli occhi, le orecchie e così via sono oggetti che giustamente considero «miei», ma che non esistono con la forza con cui alla mente appaiono posseduti da un «io» intrinsecamente esistente. Come Nagarjuna dice nella *Preziosa ghirlanda*:

> Da colui che parla solo per aiutare
> gli esseri è stato detto che essi
> sono sorti tutti dal concetto dell'«io»
> e sono avviluppati nel concetto del «mio».

Quando comprendi che il sé non esiste intrinsecamente, allora il «mio» non può proprio esistere intrinsecamente.

Meditazione

Considera che:

1. I fenomeni interni, come la tua mente e il tuo corpo, ti appartengono e sono dunque «tuoi».
2. Anche gli oggetti esterni che possiedi, come gli abiti o l'automobile, sono «tuoi».
3. Se l'«io» non esiste intrinsecamente, ciò che è «mio» non può proprio esistere intrinsecamente.

XVIII
Equilibrare la calma e l'intuizione

> Coltivare la stabilità meditativa non è di per sé sufficiente
> a distruggere la differenziazione dell'esistenza intrinseca.
> Le emozioni afflittive possono tornare,
> creando problemi di ogni sorta.
>
> BUDDHA

La calma dimorante può reprimere le emozioni controproducenti, ma non può eliminarle totalmente. È necessaria l'intuizione perché, come è stato spiegato in precedenza, essa è in grado di eliminare totalmente le emozioni problematiche e le complicazioni che ne derivano. La meditazione stabilizzante e quella analitica devono adesso agire congiuntamente. In questo modo sono in grado di sradicare emozioni problematiche e di rimuovere i limiti all'intelligenza, cosicché tu possa raggiungere lo scopo ultimo di aiutare gli altri più efficacemente.

La grande chiarezza e la stabilità della calma dimorante permettono di avere, attraverso l'analisi, una reale comprensione intuitiva della vacuità di esistenza intrinseca. Con la percezione diretta della vacuità di quei fenomeni – tu, gli altri e le cose – che scatenano in te le emozioni distruttive, i problemi possono essere risolti alla radice.

Per combinare la calma dimorante con un'intuizione avanzata è necessario alternare la meditazione focalizzata a quella analitica e portarle ad armonizzarsi. Un eccesso di analisi provoca eccitazione, rendendo la mente leggermente instabile, ma un eccesso di stabilità porta una mancanza di volontà di analisi. Come afferma Tzong Khapa:

> Se pratichi esclusivamente la meditazione analitica, la
> calma dimorante precedentemente generata si esaurirà.
> Una volta montato il destriero della calma dimorante è

dunque necessario rimanere entro i confini dell'analisi, alternando periodicamente tale stato con la meditazione stabilizzante.

Unione della calma dimorante e dell'intuizione avanzata

Fino a questo punto la calma dimorante e l'analisi erano come i due piatti di una bilancia, uno dei quali diventava un po' più leggero non appena l'altro acquisiva maggior peso. Adesso, però, grazie alla tua abile alternanza di meditazione stabilizzante e analitica, la forza dell'analisi stessa induce una flessibilità mentale e fisica ancora più grande di prima, quando la calma dimorante era ottenuta con la meditazione stabilizzante. Quando la calma dimorante e l'intuizione agiscono così, simultaneamente e con forza eguale, parliamo di «unione della calma dimorante e dell'intuizione avanzata». Si parla anche di «saggezza che sorge dalla meditazione» in opposizione alla saggezza che sorge dall'ascolto, dalla lettura, dallo studio o dalla riflessione.

In precedenza, quando leggevi e pensavi alla vacuità, la tua coscienza era mirata alla vacuità come a un oggetto di indagine intellettuale, cosicché la mente e la vacuità erano separate e distinte. Ma adesso hai fatto l'esperienza di penetrare la vacuità senza la sensazione che il soggetto e l'oggetto siano distanti l'uno dall'altro. Ti stai avvicinando a uno stato in cui intuizione e vacuità sono come l'acqua versata nell'acqua.

A poco a poco ciò che rimane della sottile sensazione del soggetto e dell'oggetto svanisce e il soggetto e l'oggetto si fondono in una totale non concettualità. Come dice Buddha, «quando il fuoco del conoscere la realtà così com'è sorge dall'analisi corretta, il legno della concettualità brucia, al pari del fuoco di bastoncini sfregati l'uno contro l'altro».

Meditazione

Per i principianti è utile imparare questo schema di avanzamento spirituale, in quanto influenzerà in modo decisivo il progresso personale. Per il momento puoi alternare un po' di meditazione stabilizzante con un po' di meditazione analitica, per assaporare il procedimento e al tempo stesso rafforzare la meditazione che stai praticando attualmente.

1. Innanzitutto focalizza la mente su un singolo oggetto, come un'immagine di Buddha o il tuo respiro.
2. Usa la meditazione analitica descritta nelle quattro fasi per meditare sulla natura dell'«io». Pensa all'impossibilità logica di affermare che il sé e mente-corpo sono o la stessa cosa o diversi:

UNITÀ

- L'«io» e mente-corpo dovrebbero essere completamente e in ogni aspetto una sola cosa.
- In tal caso affermare un «io» non avrebbe senso.
- Sarebbe impossibile pensare al «mio corpo», alla «mia testa» o alla «mia mente».
- Nel momento in cui la mente e il corpo non esistono più, neppure il sé esisterebbe.
- Poiché la mente e il corpo sono plurali, anche i sé di una persona sarebbero plurali.
- Poiché l'«io» è solo uno, anche la mente e il corpo sarebbero uno.
- Come la mente e il corpo sono prodotti e si disintegrano, così bisognerebbe affermare che l'«io» è prodotto intrinsecamente e si disintegra intrinsecamente. In tal caso né gli effetti piacevoli delle azioni virtuose né gli effetti dolorosi delle azioni non virtuose ci porterebbero frutti, o noi sperimenteremmo gli effetti di azioni che non abbiamo commesso.

DIFFERENZA

- L'«io» e mente-corpo dovrebbero essere completamente separati.
- In tal caso dovrebbe essere possibile trovare l'«io» dopo avere liberato il campo dalla mente e dal corpo.
- L'«io» non avrebbe le caratteristiche dell'essere prodotto, del perdurare e del disintegrarsi, il che è assurdo.
- L'«io» dovrebbe essere solo un prodotto dell'immaginazione o essere permanente, il che è assurdo.
- L'«io» non avrebbe alcuna caratteristica fisica o mentale, il che è assurdo.

3. Quando sviluppi una piccola intuizione, mantienila nella meditazione stabilizzante, comprendendone l'impatto.
4. Poi, quando la sensazione diminuisce un po', ritorna alla meditazione analitica per riattivare la sensazione e sviluppare una maggiore intuizione.

Il passare in continuazione dalla focalizzazione su un singolo argomento all'analisi diretta, e viceversa, favorirà un'esperienza più profonda.

Parte quinta

COME LE COSE E LE PERSONE
ESISTONO NELLA REALTÀ

XIX
Vedersi come un'illusione

> Come le illusioni di un mago, i sogni e una luna riflessa nell'acqua,
> tutti gli esseri e ciò che sta loro intorno sono vuoti di esistenza intrinseca.
> Sebbene non esistano concretamente, sembrano tutti bolle che salgono alla superficie dell'acqua.
>
> GUNG TANG

Avendo indagato la natura dell'«io» e degli altri fenomeni, adesso sai che essi sembrano esistere intrinsecamente, ma capisci che sono vuoti di esistenza intrinseca, come un'illusione creata da un mago che non esiste nel modo in cui appare. Nella *Preziosa ghirlanda* Nagarjuna afferma che:

> Una forma vista da lontano
> è vista chiaramente da chi sta vicino.
> Perché l'acqua di un miraggio
> non è vista da chi sta vicino?
>
> Il modo in cui questo mondo è visto
> come reale da chi sta lontano
> non è lo stesso in cui è visto da chi sta vicino,
> [per il quale è] privo di realtà come un miraggio.

Una faccia in uno specchio appare una faccia, ma tale immagine non è in alcun modo una faccia reale; essa è sotto ogni aspetto vuota dell'essere una faccia. Analogamente, un mago può creare illusioni che sembrano essere determinate cose, per esempio una persona in una scatola trafitta da una spada, ma che non sono affatto fondate come quelle cose. Parimenti, fenomeni come i corpi paiono fondati di per sé come oggetti, mentre in realtà sono e sono sempre stati vuoti dell'essere fondati in quel modo.

I fenomeni non sono illusioni, ma sono *simili* a illusioni. Anche se un'immagine della tua faccia allo specchio non è realmente la tua faccia, il riflesso non è del tutto inesistente. Grazie alla sua apparenza puoi capire che aspetto ha effettivamente la tua faccia. Allo stesso modo, sebbene le persone e le cose siano vuote dell'esistere nel modo in cui appaiono, e cioè come fondate di per sé, non sono del tutto inesistenti; possono agire e di esse si può fare esperienza. Perciò essere simile a un'illusione non è la stessa cosa che apparire esistente ma in realtà non esistere, come le corna di un coniglio che non esistono affatto.

Meditazione

1. Ricorda un'occasione in cui hai scambiato il riflesso di una persona in uno specchio per la persona vera e propria.
2. Pareva una persona, ma non lo era.
3. Analogamente, tutte le persone e le cose sembrano esistere di per sé senza dipendere da cause e condizioni, dalle loro parti e dal pensiero, ma non è così.
4. Le persone e le cose sono, dunque, *simili* alle illusioni.

Identificare il conflitto tra apparenza e realtà

Uso il riferimento a illusioni, immagini riflesse e miraggi per dare un'idea generale del conflitto tra ciò che una cosa sembra essere e ciò che è. La comprensione che il riflesso di una faccia in uno specchio non è una faccia non equivale alla comprensione della vacuità di esistenza intrinseca di un'immagine speculare, poiché anche con tale conoscenza continui a fraintendere la natura di un'immagine speculare come intrinsecamente esistente. Se il sapere che un'immagine speculare di una faccia è vuota dell'essere una faccia costituisse un'autentica comprensione della vacuità, allora nel momento in cui tu rivolgessi la tua mente a un qualsiasi altro oggetto – il tuo corpo, il tuo braccio, la tua dimora – ne comprenderesti anche la vacuità di esistenza intrinseca. Ma le cose non stanno così. Anche in questo caso, tu e gli altri non siete illusioni, ma siete *simili* a illusioni.

Vedere te stesso o altri fenomeni *simili* a illusioni richiede due cose: la falsa apparenza degli oggetti come intrinsecamente esistenti, e la comprensione che tu o qualsiasi cosa tu consideri non esistete in tal modo. Grazie all'esperienza, fatta durante la meditazione, del cercare e del non trovare questa qualità indipendente (sebbene dopo la meditazione i fenomeni *sembrino* ancora esistere intrinsecamente), la forza della tua precedente comprensione apre la strada alla consapevolezza dell'illusorietà di questi fenomeni, in quanto, sebbene appaiano dotati di esistenza intrinseca, non lo sono affatto. Come disse Buddha, «ogni cosa ha l'attributo della falsità e dell'inganno».

Ci sono molte discrepanze tra come le cose appaiono e come sono in realtà. Una cosa impermanente può sembrare permanente. Anche le fonti di dolore, come gli eccessi alimentari, talvolta paiono fonti di piacere, ma a lungo andare non lo sono affatto. Ciò che in ultima analisi porta alla sofferenza non viene visto per quello che è davvero, ma viene scambiato per una via verso la felicità. Sebbene vogliamo la felicità, a causa dell'ignoranza non sappiamo come ottenerla; sebbene non vogliamo il dolore, a causa della comprensione erronea di ciò che lo causa ci adoperiamo per ottenere proprio le cause del dolore.

Gli occhi di coloro che assistono a uno spettacolo di magia sono affascinati dai trucchi del mago e, in virtù di tale inganno, il pubblico pensa di vedere cavalli, elefanti e così via. Similmente, accettando l'apparenza di esistenza intrinseca esageriamo la condizione di fenomeni buoni e cattivi, il che ci porta al desiderio, all'odio e ad azioni che accumulano karma. Ciò che non è un «io» intrinsecamente esistente appare come se lo fosse, e noi accettiamo tale apparenza come un dato di fatto.

Come il vedere le cose in questo modo aiuta

Vedere le persone e le cose come simili a illusioni aiuta a ridurre le emozioni sfavorevoli, perché la bramosia, l'odio e così via derivano dal nostro sovrapporre ai fenomeni caratteristiche, buone o cattive, che vanno al di là di quelle che essi realmente hanno. Per esempio, quando ci arrabbiamo con qualcuno, proviamo una forte sensazione della sgradevolezza di quella persona, ma poi, quando ci calmiamo e guardiamo la stessa persona, probabilmente troviamo ridicola la nostra precedente sensazione.

Il beneficio dell'intuizione consiste nell'impedirci di attribuire a degli oggetti caratteristiche buone o cattive che vanno al di là di quelle che essi realmente hanno. Questo scardinamento dell'autoinganno permette di ridurre e in definitiva di eliminare la bramosia e l'odio, dal momento che tali emozioni poggiano su esagerazioni. L'eliminazione di emozioni insane, a propria volta, lascia più spazio allo sviluppo delle emozioni sane e delle virtù. Vedendo i fenomeni con l'intuizione, li porti entro i limiti della pratica della vacuità.

Quando pratichi per espandere l'amore e la compassione, tieni presente che l'amore e la compassione stessi e le persone che ne sono oggetto sono come le illusioni di un mago, in quanto sembrano esistere concretamente di per sé, mentre in realtà non è così. Se li vedi intrinsecamente esistenti, tale punto di vista ti impedirà di sviluppare appieno l'amore e la compassione. Vedili, invece, come illusioni, che esistono in un modo, ma appaiono in un altro. Tale prospettiva renderà più profonda la tua comprensione intuitiva della vacuità e delle emozioni sane dell'amore e della compassione, cosicché nel contesto di tale comprensione potrai dedicarti ad attività compassionevoli efficaci.

Meditazione

1. Come già hai fatto in precedenza, pensa all'obiettivo del tuo ragionamento – l'«io» intrinsecamente fondato – ri-

cordando o immaginando una situazione in cui ci hai creduto fortemente.
2. Osserva l'ignoranza che sovrappone l'esistenza intrinseca e identificala.
3. Concentrati in particolare sulla considerazione che, se tale fondamento intrinseco esiste, l'«io» e il complesso mente-corpo dovrebbero essere o la stessa cosa o diversi.
4. Poi rifletti profondamente sull'assurdità delle affermazioni secondo cui il sé e mente-corpo sono o la stessa cosa o diversi, vedendo e sentendo l'impossibilità di tali affermazioni:

UNITÀ

- L'«io» e mente-corpo dovrebbero essere completamente e in ogni aspetto una sola cosa.
- In tal caso affermare un «io» non avrebbe senso.
- Sarebbe impossibile pensare al «mio corpo», alla «mia testa» o alla «mia mente».
- Nel momento in cui la mente e il corpo non esistono più, neppure il sé esisterebbe.
- Poiché la mente e il corpo sono plurali, anche i sé di una persona sarebbero plurali.
- Poiché l'«io» è solo uno, anche la mente e il corpo sarebbero uno.
- Come la mente e il corpo sono prodotti e si disintegrano, così bisognerebbe affermare che l'«io» è prodotto intrinsecamente e si disintegra intrinsecamente. In tal caso né gli effetti piacevoli delle azioni virtuose né gli effetti dolorosi delle azioni non virtuose darebbero frutti, o noi sperimenteremmo gli effetti di azioni che non abbiamo commesso.

DIFFERENZA

- L'«io» e mente-corpo dovrebbero essere completamente separati.

- In tal caso dovrebbe essere possibile trovare l'«io» dopo avere liberato il campo dalla mente e dal corpo.
- L'«io» non avrebbe le caratteristiche dell'essere prodotto, del perdurare e del disintegrarsi, il che è assurdo.
- L'«io» dovrebbe essere solo un prodotto dell'immaginazione o essere permanente, il che è assurdo.
- L'«io» non avrebbe alcuna caratteristica fisica o mentale, il che è assurdo.

5. Non trovando un tale «io», decidi fermamente: «Né io né nessun'altra persona siamo intrinsecamente fondati».
6. Fermati un po' ad assimilare il significato della vacuità, concentrandoti sull'assenza di fondamento intrinseco.
7. Poi permetti di nuovo alle apparenze delle persone di farsi strada nella tua mente.
8. Rifletti sul fatto che, nel contesto del sorgere-dipendente, le persone si impegnano anche in azioni, accumulando così karma e sperimentando gli effetti di tali azioni.
9. Constata che l'apparenza delle persone è efficace e plausibile nel contesto dell'assenza di esistenza intrinseca.
10. Quando efficacia e vacuità sembrano in contraddizione, ricorri all'esempio di un'immagine speculare:
    - L'immagine di una faccia è innegabilmente prodotta in dipendenza da una faccia e da uno specchio, anche se è vuota di occhi, orecchie e di tutto quanto sembra avere ed è innegabile che l'immagine di una faccia scompare quando la faccia o lo specchio sono assenti.
    - Analogamente, per quanto una persona non abbia neppure un briciolo di fondamento intrinseco, non c'è contraddizione nel fatto che compia azioni, accumuli karma, sperimenti effetti e sia nata in dipendenza dal karma e dalle emozioni distruttive.
11. Cerca di vedere l'assenza di contraddizione tra efficacia e vacuità in riferimento a tutte le persone e le cose.

XX
Constatare che tutto dipende dal pensiero

> Qui anche i vari fiori che sbocciano, graditi alla mente,
> e le supreme case dorate, affascinanti e splendenti,
> non hanno un creatore dotato di esistenza intrinseca.
> Sono fondate grazie alla forza del pensiero.
> Il mondo è fondato dalla forza della concettualità.
>
> BUDDHA

Quando sviluppi un'idea generica di che cosa vuol dire dipendere dal pensiero, dovresti chiederti se di solito le persone e le cose ti appaiono o meno in questo modo. Quando siamo sotto l'influsso delle emozioni a un livello sottile, è difficile accorgersi di come rimaniamo attaccati a esse. Perciò, considera un'occasione in cui hai provato odio o desiderio. La persona, o cosa, odiata o desiderata sembrava molto concreta, perfino totalmente immutabile, vero? Quando osserverai da vicino, capirai che ti è impossibile sostenere di vedere già i fenomeni come dipendenti dal pensiero. Scoprirai che sembrano esistere di per sé.

Quando avevo circa trentacinque anni, stavo riflettendo sul significato di un brano di Tzong Khapa su come l'«io» non possa essere trovato né all'interno del complesso mente-corpo né separatamente da esso, e su come l'esistenza dell'«io» dipenda dalla concettualità. Ecco il brano in questione:

> Il colore maculato e la forma attorcigliata di una fune avvolta su se stessa assomigliano a quelli di un serpente, e quando la fune è vista in una zona di penombra, ecco che insorge il pensiero: «Questo è un serpente». Quanto alla fune, nel momento in cui è vista come serpente, il suo insieme e le sue parti non sono affatto un serpente. Perciò, quel serpente è fondato semplicemente sulla concettualità. Allo stesso modo, quando

il pensiero «io» sorge dipendentemente dalla mente e dal corpo, niente di ciò che è all'interno della mente e del corpo (né la raccolta che è un continuum di momenti precedenti e successivi, né la raccolta delle parti in un determinato momento, né le parti prese separatamente, né il continuum di una qualsiasi delle parti prese separatamente) è anche solo minimamente l'«io». Inoltre, non vi è neppure la minima parte di qualcosa, che sia un'identità diversa dalla mente e dal corpo, percepibile come l'«io». Di conseguenza, l'«io» è *esclusivamente* fondato dalla concettualità in dipendenza dalla mente e dal corpo; non si fonda sulla propria entità.

Improvvisamente, fu come se un fulmine mi avesse trapassato il petto. Rimasi così colpito che, nelle settimane successive, le persone che vedevo mi parevano illusioni prodotte da un mago perché, sebbene sembrassero intrinsecamente esistenti, sapevo che in realtà non esistevano. Fu allora che cominciai a capire la reale possibilità di arrestare il processo della creazione di emozioni distruttive smettendo di affermare il modo in cui l'«io» e gli altri fenomeni sembrano esistere. Ogni mattina medito sulla vacuità, richiamando alla mente quell'esperienza per includerla nelle attività della giornata. È sufficiente pensare o dire «io», come nella frase «Io intendo fare questo o quello», per suscitare tale sensazione. Ciononostante non sono tuttora in grado di affermare di avere compreso appieno la vacuità.

Il significato dell'essere fondato dalla concettualità

All'inizio, dei bei fiori o una stupenda casa sembrano esistere di per sé oltre la coscienza ma, in ultima analisi, nulla è in grado di confermare la loro esistenza; al contrario, la loro fonte è la percezione della mente. Ciò è vero per tutti i fenomeni. Quando li si cerca, è impossibile trovarli come esistenti di per sé, nonostante le apparenze che sembrano indicare il contrario.

Essi esistono in virtù del loro aiutare e danneggiare, che, a loro volta, dipendono dalla coscienza. Non sono mai esistiti, né esistono né esisteranno indipendentemente, di per sé. Esistono grazie alla forza della mente, alla forza delle convenzioni.

Nel brano citato all'inizio di questo capitolo, Buddha afferma che il mondo intero dipende dal pensiero concettuale. Analogamente, in *Quattrocento strofe sugli atti yogici dei Bodhisattva* Aryadeva afferma che:

> Poiché il desiderio e quanto ne deriva
> non esistono senza concettualità,
> quale persona intelligente sosterrebbe
> che si tratta di oggetti reali e al contempo concettuali?

Il commento di Chandrakirti a questi versi indica che i fenomeni esistono solo in presenza del pensiero concettuale:

> Quelli che esistono soltanto quando esiste la concettualità, e che non esistono quando la concettualità non esiste, sono indubitabilmente e assolutamente non fondati per via della loro natura, come un serpente immaginato in una fune avvolta su se stessa.

Esplorare il significato

Come dobbiamo intendere l'insistenza dei grandi pensatori indiani e tibetani sulla fondamentale importanza del pensiero concettuale? Sarebbe difficilissimo sostenere che, prima che un qualsiasi oggetto risulti comprensibile, dobbiamo avere un pensiero che lo costruisca in quel preciso istante. Per quanto il pensiero agisca velocemente, in un unico momento di percezione visiva non ci sarebbe abbastanza tempo per tutti i pensieri necessari.

In effetti, gli oggetti esterni fanno parte del processo che genera la coscienza di essi, come quando si vede un albero e ciò che gli sta intorno, ma se la dipendenza dal pensiero significasse che è necessario un pensiero concettuale per costruire tutto quello che vediamo, ciò sarebbe assurdo. Perciò mi sembra che, alla fine, il fatto che il mondo sia fondato sul pensiero concettuale significhi che gli oggetti, senza dipendere da una coscienza, non possono fondare la loro esistenza proprio dentro di sé. Da questo punto di vista si dice che il mondo – tutti i fenomeni, le cose e le persone – è fondato dal pensiero concettuale.

È ovvio, per esempio, che gli effetti dipendono dalle cause; ma anche le cause, in un senso sottile, dipendono dagli effetti. Ogni causa è in sé un effetto delle proprie cause, che l'hanno preceduta, e perciò sorge dipendentemente da esse. Tutti i sistemi buddhisti affermano che gli effetti sorgono dipendentemente dalle cause. Causa ed effetto sono intesi qui in sequenza temporale: un effetto avviene dopo la sua causa. Questo è il sorgere-dipendente nel senso di una *produzione dipendente*.

Solo la prospettiva filosofica buddhista più elevata propone una considerazione aggiuntiva, e cioè che, poiché la designazione di qualcosa come «causa» dipende dalla considerazione del suo effetto, in questo senso una causa *dipende* dal suo effetto. Una cosa non è causa di per sé: è definita «causa» in relazione al suo effetto. In questo caso l'effetto non avviene prima della sua causa, né la sua causa viene a esistere dopo il suo effetto; è pensando al suo effetto futuro che designiamo una cosa come causa. Questo è il sorgere-dipendente nel senso di una *designazione dipendente*.

Nel *Trattato fondamentale sulla Via di Mezzo chiamato «Saggezza»* Nagarjuna sostiene che:

> Chi agisce dipende da un'azione.
> E un'azione esiste dipendentemente da chi agisce.
> A parte il sorgere-dipendente, non vediamo
> altra causa del loro fondamento.

L'agente e l'azione sono reciprocamente dipendenti. Un'azione è posta in dipendenza da un agente, e un agente è posto in dipendenza da un'azione. Un'azione sorge in dipendenza da un agente, e un agente sorge in dipendenza da un'azione. Ciononostante la loro è una relazione diversa da quella di causa ed effetto, perché l'una non è prodotta prima dell'altro.

Come mai, in genere, le cose sono relative? Come mai una causa è relativa al suo effetto? Ciò accade perché non è fondata di per sé. Se lo fosse, una causa non avrebbe bisogno di dipendere dal suo effetto. Ma non ci sono cause autosufficienti cosicché, quando studiamo analiticamente una causa, non ne troviamo nessuna che esista di per sé, benché alla nostra mente quotidiana sembri che ogni cosa abbia un suo essere contenuto in se stessa. Poiché le cose subiscono l'influenza di qualcosa a esse estraneo, la designazione di una cosa come causa dipende necessariamente dalla considerazione del suo effetto. È grazie a questo percorso che arriviamo a capire la correttezza di questa comprensione più sottile del sorgere-dipendente come designazione dipendente.

Di recente, mentre mi trovavo nell'India meridionale dopo un pellegrinaggio sul monte Shri Parvata, dove aveva vissuto Nagarjuna verso la fine della sua vita, impartii un'iniziazione a una vasta folla, nel contesto della tradizione buddhista chiamata *Kalachakra* (la Ruota del Tempo). Nel corso dell'iniziazione, impartii un insegnamento sulla *Lode del sorgere-dipendente* di Tzong Khapa e contemporaneamente sul *Trattato fondamentale sulla Via di Mezzo chiamato «Saggezza»* di Nagarjuna. Arrivato al brano in cui Tzong Khapa dice:

> Quando Buddha disse: «Tutto ciò che dipende da condizioni
> è vuoto di esistenza intrinseca»,
> che vi è mai di più stupefacente
> di questo meraviglioso consiglio!

pensai: «È proprio così!». Ecco che cosa stavo in effetti pensando: potrebbero esserci alcuni animali che conoscono il sorgere-dipendente di causa ed effetto, ma per noi esseri umani il sorgere-dipendente di causa ed effetto è innegabile. Tuttavia, proseguendo nel ragionamento, diciamo che il sorgere-dipendente di causa ed effetto viene in virtù della designazione dipendente che, a sua volta, indica che causa ed effetto non hanno un loro essere; se ce l'avessero, non dovrebbero essere designati dipendentemente. Come sostiene Buddhapalita, seguace di Nagarjuna, commentando il XXII capitolo del *Trattato fondamentale sulla Via di Mezzo chiamato «Saggezza»*:

> Se qualcosa esiste per via della sua stessa entità, che necessità ci sarebbe di collocarlo dipendentemente?

In effetti, se una cosa esistesse di per sé, questo solo fatto sarebbe sufficiente. Si potrebbe dire: «È questo» senza la necessità di collegare l'oggetto in questione a qualsiasi altra cosa. Invece, poiché non è fondato di per sé, non si può fare altro che collocarlo in relazione a qualcos'altro. Continuo a trovare molto utile questo pensiero.

Allo stesso modo, nei *Tre aspetti principali del sentiero verso l'illuminazione*, Tzong Khapa dice:

> Grazie alle due comprensioni del sorgere-dipendente e della
>   vacuità che esistono simultaneamente senza alternarsi,
> la conoscenza definitiva distrugge completamente il modo
>   di comprensione dell'esistenza intrinseca
> vedendo soltanto il sorgere-dipendente come incontrovertibile.
> A quel punto l'analisi della visione della realtà è completa.

Riflettere sull'impianto dipendente che sta alla base del sorgere-dipendente di causa ed effetto conferma la comprensione dei fenomeni come meramente nominali, meramente attribuiti, e niente di più. Quando uno capisce che la mera attribuzione da sola scardina il concetto che i fenomeni esistono di per sé, il suo compito di riconoscere la visione buddhista della realtà è esaurito. Nutro qualche speranza di avvicinarmi a questo punto.

Se capisci che, indipendentemente da ciò che appare ai tuoi sensi o alla tua mente che pensa, gli oggetti sono fondati dipendentemente dal pensiero, ti sbarazzerai dell'idea che i fenomeni esistano di per sé. Comprenderai che non c'è nulla di vero nel loro essere fondati di per sé. Capirai la vacuità, l'assenza di esistenza intrinseca, che esiste al di là del proliferare dei problemi che derivano dal vedere i fenomeni come esistenti di per sé, e che fornisce il rimedio per eliminare l'illusione.

Meditazione

1. Ripercorri una situazione in cui traboccavi di odio o di desiderio.
2. Non ti sembra forse che la persona o la cosa odiata o desiderata sia molto consistente, molto concreta?
3. Stando così le cose, non puoi in alcun modo sostenere di riuscire già a vedere i fenomeni come dipendenti dal pensiero.
4. Li vedi come esistenti di per sé.
5. Ricorda che è necessario meditare frequentemente sulla vacuità per contrastare la falsa apparenza dei fenomeni.

Utilità di questa comprensione per individuare l'esistenza intrinseca

Tutti i sistemi buddhisti affermano che esistenza e non esistenza sono determinate da una valida conoscenza. Da questo punto di vista, oggetto e soggetto sembrano avere la stessa forza. Il più elevato dei sistemi buddhisti – la scuola della Via di Mezzo e, al suo interno, la scuola della Conseguenza – porta tutto ciò alle estreme conseguenze, dicendo che una valida coscienza non trova cose che esistono di per sé, ma piuttosto tali cose dipendono dall'essere fondate sul pensiero concettuale. Nulla può esistere se non fondandosi sulla concettualità. Ogni cosa dipende dalla mente, è lei che dà l'autorizzazione.

Ecco perché i testi buddhisti dicono che l'«io» e gli altri fenomeni esistono solo grazie alla forza del pensiero concettuale. Sebbene l'«io» sia fondato dipendentemente dalla mente e dal corpo, la mente e il corpo non sono l'«io», né l'«io» è la mente e il corpo. Non c'è nulla nella mente e nel corpo (in dipendenza dai quali l'«io» è fondato) che sia l'«io». L'«io» dipende, dunque, dal pensiero concettuale. Insieme a tutti gli altri fenomeni è semplicemente fondato sulla mente. Quando capisci questo, cominci a farti un'idea del fatto che le persone non esistono in sé e per sé e che sono solo dipendentemente fondate. Quando vedi che i fenomeni di solito non sembrano essere sotto l'influsso della concettualità, ma sembrano esistere di per sé, ti verrà da pensare: «Ah! Questo è ciò che sarà confutato».

Meditazione

1. L'«io» è fondato dipendentemente dalla mente e dal corpo.
2. Ciononostante, la mente e il corpo non sono l'«io» né l'«io» è la mente e il corpo.
3. L'«io», dunque, dipende dal pensiero concettuale, fondato sulla mente.
4. Il fatto che l'«io» dipenda dal pensiero implica che l'«io» non esiste di per sé.
5. Adesso osserva che hai una migliore consapevolezza di che cosa significa che qualcosa esiste in sé e per sé, dell'esistenza intrinseca che la comprensione della vacuità mira a confutare.

Parte sesta

RENDERE PIÙ PROFONDO L'AMORE CON L'INTUIZIONE

XXI
Provare empatia

> Gloria all'amorevole cura per gli esseri trasmigranti
> impotenti come un secchio che viaggia su e giù in un pozzo
> all'inizio per un eccesso di sé, l'«io»,
> e poi per l'attaccamento alle cose, «questo è mio».
>
> CHANDRAKIRTI, *Supplemento*

Sebbene all'inizio sia indispensabile una forte volontà per sviluppare l'amore e la compassione, essa non è sufficiente a sviluppare in modo illimitato questi atteggiamenti altruistici. È importante unire alla pratica dell'amore e della compassione quella dell'intuizione. Anche se cerchi di aiutare qualcuno perché ti sta a cuore, senza intuizione non potrai capire chiaramente quali benefici deriveranno dai tuoi sforzi. È necessaria una combinazione: un buon cuore umano e un buon cervello umano. Se lavorano insieme, possiamo ottenere grandi risultati.

Una metafora della contemplazione

Nei versi citati all'inizio di questo capitolo, Chandrakirti mostra come l'intuizione sia in grado di rendere più profondo l'amore grazie alla comprensione del processo della nostra sofferenza. Il processo viene paragonato al modo in cui un secchio sale e scende all'interno di un pozzo. In che modo gli esseri che nascono, esistenza dopo esistenza, sono simili a un secchio nel pozzo? Le somiglianze sono sei:

1. Come il secchio è appeso a una corda, così gli esseri sono vincolati dalle emozioni controproducenti e dalle azioni da esse generate.
2. Come il movimento in su e in giù del secchio all'interno del pozzo è governato da chi lo esegue, così il processo dell'esistenza ciclica è governato da una mente indisciplinata, specialmente a causa della convinzione erronea nell'esistenza intrinseca del sé e poi di un errore sulla natura del «mio».
3. Come il secchio viaggia in continuazione su e giù nel pozzo, così gli esseri senzienti vagano senza sosta nel grande pozzo dell'esistenza ciclica, dagli stati più elevati della felicità temporanea a quelli più bassi del dolore temporaneo.
4. Come è necessario un grande sforzo per tirare su il secchio, che, invece, scende facilmente, così gli esseri devono fare un grande sforzo per tirarsi su verso una vita più felice, mentre scendono facilmente in situazioni dolorose.
5. Come un secchio non determina i suoi movimenti, così i fattori coinvolti nel dare forma all'esistenza di una persona sono il risultato di ignoranza, attaccamento e cupidigia nel passato; nel presente, questi stessi fattori creano costantemente ulteriori problemi alle nostre esistenze future, come onde nell'oceano.
6. Come il secchio va a sbattere contro le pareti del pozzo quando scende e risale, così gli esseri senzienti sono quotidianamente colpiti dalla sofferenza del dolore e del cambiamento, nonché dal coinvolgimento in processi che non sono in grado di controllare.

Con queste similitudini, Chandrakirti ci mostra nei particolari i processi che regolano l'esistenza ciclica.

Innanzitutto applica a te stesso queste informazioni sull'esistenza ciclica, affinché tu possa capire la tua condizione e sviluppare una forte intenzione di superare questa dinamica di problemi ricorrenti. Se la tua mente non è stata influenzata dal pensare a come vaghi in una serie incontrollata di disgrazie che si abbattono su di te, allora quando rifletteràrai sul processo della sofferenza in altri esseri senzienti non troverai le loro sofferenze così insopportabili da sentire la necessità di aiutarli a uscire da una simile palude.

Meditazione

Prendi in considerazione che:

1. Come un secchio in un pozzo è appeso a una corda, così io sono vincolato da emozioni controproducenti e dalle azioni da esse generate.
2. Come il movimento in su e in giù del secchio all'interno del pozzo è governato da chi lo esegue, così il processo della mia esistenza ciclica è governato dalla mia mente indisciplinata, specialmente a causa della convinzione erronea nella mia esistenza intrinseca e nell'esistenza intrinseca del «mio».
3. Come il secchio viaggia in continuazione su e giù nel pozzo, così io vago senza sosta nel grande pozzo dell'esistenza ciclica, dagli stati più elevati della felicità temporanea a quelli più bassi del dolore temporaneo.
4. Come è necessario un grande sforzo per tirare su il secchio, che, invece, scende facilmente, così io devo fare un grande sforzo per tirarmi su verso una vita più felice, mentre scendo facilmente in situazioni dolorose.
5. Come un secchio non determina i suoi movimenti, così i fattori coinvolti nel dare forma alla mia esistenza sono il risultato di ignoranza, attaccamento e cupidigia nel passato; nel presente, questi stessi fattori creano costantemente ulteriori problemi alle mie esistenze future, come onde nell'oceano.
6. Come un secchio va a sbattere contro le pareti del pozzo quando scende e risale, così io sono quotidianamente colpito dalla sofferenza del dolore e del cambiamento, nonché dal coinvolgimento in processi che non sono in grado di controllare.
7. Di conseguenza, dal profondo del mio cuore devo cercare di uscire da questa serie ciclica di sofferenza.

Estendere questa intuizione agli altri

Adesso che hai identificato il meccanismo della sofferenza nella tua situazione, puoi estendere questa intuizione ad altri esseri senzienti che sono vittime della stessa sofferenza. Tuttavia, affinché la risposta siano l'amore e la compassione, non basta conoscere il modo in cui gli altri esseri soffrono; devi anche provare un sentimento di vicinanza a loro. Altrimenti, più sai delle sofferenze dei tuoi nemici e più potresti esserne felice! Come dice Tzong Khapa:

> Quando nel mondo la sofferenza è vista come un nemico, non solo non è insopportabile, ma ci si prova gusto. Quando vedi soffrire persone che non ti hanno né aiutato né danneggiato, nella maggior parte dei casi non presterai attenzione alla loro situazione. Tale reazione è causata dall'assenza di un sentimento di vicinanza nei loro confronti. Ma quando vedi soffrire degli amici ti risulta insopportabile [nel senso che vuoi fare qualcosa in proposito], e il grado di insopportabilità è altrettanto grande della tua sensazione di vicinanza a essi. È, dunque, necessario che generi un affetto e un'attenzione forte nei confronti degli esseri senzienti.

Il vero amore e la vera compassione sorgono a partire dal rispetto per gli altri. Questo sentimento di empatia si ottiene riconoscendo che tu e tutti gli altri – siano essi amici, nemici o persone neutre – condividete una stessa aspirazione nel volere la felicità e nel non volere la sofferenza, anche se avete una concezione diversa della felicità e della sofferenza. Risulta, inoltre, utile essere consapevoli che, nel corso di infinite esistenze, ognuno è stato in un qualche momento tua mamma e il tuo amico più intimo (ho spiegato in dettaglio questi punti nel libro *La via dell'amore*).

Con questo indispensabile sentimento di vicinanza e di intimità nei confronti di tutti la comprensione intuitiva degli esseri senzienti che vagano impotenti da un'esistenza ciclica all'altra serve a elevare l'amore e la compassione. Quando intimità e intuizione sono presenti, i fattori dell'amore e della compassione e il desiderio di aiutare gli altri sorgono senza difficoltà.

Meditazione

Concentra l'attenzione su un amico e coltiva i tre livelli dell'amore:

1. Questa persona vuole la felicità, ma ne è priva. Come sarebbe bello se potesse essere permeata dalla felicità e dalle sue cause!
2. Questa persona vuole la felicità, ma ne è priva. Possa essere permeata dalla felicità e dalle sue cause!
3. Questa persona vuole la felicità, ma ne è priva. Farò tutto quello che posso perché sia permeata dalla felicità e dalle sue cause!

Adesso coltiva i tre livelli della compassione:

1. Questa persona vuole la felicità e non vuole la sofferenza e tuttavia è colpita da un grande dolore. Se solo potesse essere liberata dalla sofferenza e dalle sue cause!
2. Questa persona vuole la felicità e non vuole la sofferenza e tuttavia è colpita da un grande dolore. Possa essere liberata dalla sofferenza e dalle sue cause!
3. Questa persona vuole la felicità e non vuole la sofferenza e tuttavia è colpita da un grande dolore. L'aiuterò a liberarsi dalla sofferenza e dalle sue cause!

Adesso coltiva un impegno assoluto:

1. L'esistenza ciclica è un processo guidato dall'ignoranza.
2. È, dunque, realistico che io mi adoperi per raggiungere l'illuminazione e per aiutare gli altri a fare altrettanto.
3. Quand'anche dovessi farlo da solo, libererò tutti gli esseri senzienti dalla sofferenza e dalle sue cause e li unirò alla felicità e alle sue cause.

Porta l'attenzione sugli individui, uno alla volta – prima gli amici, poi le persone neutre e infine i nemici, cominciando da quelli meno aggressivi – e ripeti queste riflessioni in relazione a tutti loro. Ci vorranno mesi, anni, ma i benefici derivanti da questa pratica saranno straordinari.

XXII
Riflettere sull'impermanenza

> Vi erano in Tibet praticanti in ritiro che riflettevano sull'impermanenza così intensamente da non lavare i piatti dopo cena.
>
> PATRUL RINPOCHE, *La parola sacra*

In questo capitolo spiegherò l'impermanenza, il primo di due livelli più profondi di intuizione del processo dell'esistenza ciclica. Il secondo livello, la vacuità, sarà oggetto del capitolo successivo.

Una metafora dell'impermanenza

Un riflesso della luna brilla sulla superficie di un lago increspata dal vento. Un grande fiume di ignoranza, che considera erroneamente il complesso mente-corpo dotato di esistenza intrinseca, si getta nel lago del ritenere erroneamente l'«io» dotato di esistenza intrinseca. Il lago, poi, è mosso dal vento del pensiero controproducente e delle azioni sane e insane. Il riflesso brillante della luna simboleggia al tempo stesso il livello grossolano dell'impermanenza, dovuto alla morte, e il livello sottile dell'impermanenza, dovuto alla disintegrazione progressiva che governa gli esseri senzienti. Il bagliore delle acque increspate illustra l'impermanenza a cui gli esseri senzienti sono soggetti, ed è così che devi vedere gli esseri senzienti. Riflettendo su questa metafora potrai giungere a intuire come gli esseri siano inutilmente portati a soffrire poiché non sono in sintonia con la loro natura; tale intuizione stimola a propria volta l'amore e la compassione.

Comprendere l'impermanenza

Subiamo l'influsso di un'illusione di permanenza, per cui pensiamo sempre di avere molto tempo a disposizione. Questa convinzione erronea ci espone al forte pericolo di sprecare la nostra vita procrastinando, il che è particolarmente devastante quando le nostre esistenze hanno a disposizione il tempo e i mezzi necessari per dedicarsi a pratiche produttive. Per contrastare una simile tendenza è importante meditare sull'impermanenza: prima sul fatto che la morte potrebbe arrivare in qualsiasi momento, e poi sulla natura assai momentanea delle nostre esistenze.

Una delle principali ragioni per cui insorgono il desiderio e l'odio è il nostro esagerato attaccamento al flusso attuale della vita. Abbiamo la sensazione che durerà per sempre e, con un simile atteggiamento, ci fissiamo su valori superficiali come i beni materiali, le amicizie e le situazioni temporanee. Per superare questa forma di ignoranza devi riflettere sul fatto che verrà il giorno in cui non sarai più qui.

Anche se non hai la certezza che morirai stanotte, quando coltivi la consapevolezza della morte ti rendi conto che *potresti* morire stanotte. Con un simile atteggiamento, se puoi fare qualcosa di utile in questa e nella prossima esistenza, gli darai la precedenza su altre cose che gioverebbero solo nell'esistenza attuale, e per di più in modo superficiale. Inoltre, non avendo la certezza di quando arriverà la morte, ti asterrai dal commettere azioni che danneggerebbero la tua esistenza attuale e quelle future. Sarai motivato a sviluppare punti di vista che facciano da antidoto alle varie forme di mente indisciplinata. E così, che tu viva un giorno, una settimana, un mese o un anno, quel lasso di tempo sarà comunque significativo, perché i tuoi pensieri e le tue azioni si fonderanno su ciò che è benefico sul lungo periodo. Quando, per contro, cadi sotto l'influsso dell'illusione della permanenza e dedichi il tuo tempo a questioni che non vanno oltre la superficie di questa vita, subisci una grave perdita.

Il fatto che le cose cambino da un momento all'altro apre

la via alla possibilità di sviluppi positivi. Se le situazioni non cambiassero, manterrebbero per sempre il loro aspetto di sofferenza. Avendo capito che le cose mutano in continuazione, se stai attraversando un momento difficile puoi trovare conforto nella consapevolezza che non sarà così per sempre.

È nella natura dell'esistenza ciclica che ciò che è raccolto – genitori, figli, fratelli, sorelle e amici – finisca per disperdersi. Per quanto si vogliano bene, gli amici alla fine dovranno separarsi. Guru e allievi, genitori e figli, fratelli e sorelle, mariti e mogli e gli amici più intimi – non importa chi sono –, alla fine dovranno separarsi. Oltre a separarci da tutti i nostri amici, la ricchezza e le risorse che hai accumulato – non importa quanto siano meravigliose – alla fine diventano inutilizzabili; la brevità dell'esistenza attuale ti costringerà ad abbandonare ogni ricchezza. Il filosofo e yogi indiano Shantideva parla in modo evocativo dell'impermanenza quando dice che, per quanto meravigliosa la tua esistenza attuale arrivi a essere, è come sognare il piacere e poi svegliarsi con nient'altro che la memoria. Come dice Buddha nel *Sutra del diamante*:

> Vedi le cose composte da cause
> come stelle che pulsano, invenzioni viste da un occhio malato,
> la luce tremula di una lampada a burro, illusioni magiche,
> rugiada, bolle, sogni, fulmini e nuvole.

Quando sto per cominciare una lezione davanti a un folto pubblico che si aspetta da me saggezza e intuizione, ripeto mentalmente questi versi sulla fragilità di ogni cosa e poi faccio schioccare le dita, producendo quel breve suono che è il segnale dell'impermanenza. In questo modo ricordo a me stesso che presto scenderò dalla mia posizione attuale. Indipendentemente dalla durata della sua esistenza, ogni essere umano alla fine deve morire. Non ci sono alternative. Se dimori nell'esistenza ciclica, non puoi vivere fuori dalla sua natura. Per quanto meravigliose possano essere le cose, è insito nella loro natura che esse debbano alla fine degenerare, e noi insieme a loro. Come ha detto Buddha, «comprendi che il corpo è impermanente come un vaso di argilla».

La buona sorte non è permanente, per cui è pericoloso sviluppare un attaccamento eccessivo alle cose che vanno bene. Qualunque prospettiva di permanenza è rovinosa. Quando il presente diventa la tua preoccupazione, il futuro perde ogni importanza, il che indebolisce la tua motivazione a impegnarti in pratiche compassionevoli per la futura illuminazione degli altri. Una prospettiva di impermanenza, per contro, fornisce la giusta motivazione.

Non solo alla fine devi morire, ma non sai quando la morte verrà. Dovresti prepararti in modo da non avere rimpianti, quand'anche tu morissi stanotte. Se sviluppi un apprezzamento dell'imminenza della morte, la tua consapevolezza dell'importanza di usare il tuo tempo con saggezza si rafforzerà molto. Come afferma Nagarjuna nella *Preziosa ghirlanda*:

> Poiché vivi circondato da cause di morte
> come una lampada nel vento.
> Abbandonati tutti i tuoi beni
> morendo, ormai senza potere devi andartene altrove,
> ma tutto ciò che è stato usato per la dottrina
> ti precede come buon karma.

Se tieni presente la velocità con cui questa vita scompare, darai valore al tuo tempo e farai ciò che è più utile. Provando un forte senso dell'imminenza della morte, sentirai la necessità di dedicarti alla pratica spirituale, migliorando la tua mente e non perdendo tempo con distrazioni varie quali il mangiare, il bere, le chiacchiere interminabili sulla guerra e sull'amore e i pettegolezzi.

Per chi non riesce ad affrontare nemmeno la parola «morte», per non dire l'evento stesso, l'arrivo della morte porterà verosimilmente grande disagio e paura. Chi, invece, è abituato a riflettere sulla sua imminenza è preparato ad affrontarla senza rimpianti. Riflettere sull'incertezza del momento della morte porta a sviluppare una mente pacifica, disciplinata e virtuosa, in quanto poggia su qualcosa di più profondo degli aspetti superficiali di questa breve esistenza.

Tutti noi condividiamo un'esistenza segnata dalla sofferenza e dall'impermanenza. Una volta capito quanto abbiamo in comune, constatiamo che non ha senso essere conflittuali gli uni con gli altri. Consideriamo un gruppo di detenuti condannati a morte. Nel corso della loro convivenza in carcere, ognuno di loro incontrerà la propria fine. Non ha senso che trascorrano litigando i loro ultimi giorni. Come quei detenuti, tutti noi siamo uniti dalla sofferenza e dall'impermanenza. In circostanze del genere non c'è assolutamente alcun motivo per litigare o per sprecare tutta la nostra energia, fisica o mentale, nell'accumulo di denaro e di beni.

Meditazione

Memorizza quanto segue:

1. È sicuro che morirò. La morte non può essere evitata. La durata della mia vita sta per estinguersi e non può essere allungata.

2. Il momento in cui morirò è indefinito. La durata della vita varia da un essere umano all'altro. Le cause della morte sono molte, mentre quelle della vita, al confronto, sono poche. Il corpo è fragile.

3. Nel momento della morte nulla gioverà, se non un mio mutato atteggiamento. Gli amici non saranno di alcun aiuto. La mia ricchezza sarà inutile, e così pure il mio corpo.

4. Tutti noi condividiamo questa situazione di pericolo, per cui non ha senso litigare, entrare in conflitto, o sprecare le nostre energie fisiche o mentali nell'accumulo di denaro e beni.

5. Devo praticare adesso per ridurre il mio attaccamento a fantasie passeggere.

6. Dal profondo del mio cuore devo cercare di andare oltre questo ciclo di sofferenza indotto dalla convinzione erronea che l'impermanente sia permanente.

L'impermanenza sottile

Le sostanze che costituiscono gli oggetti intorno a noi si disintegrano un istante dopo l'altro; analogamente, la coscienza interiore con cui osserviamo quegli oggetti esterni si disintegra a propria volta un istante dopo l'altro. Tale è la natura dell'impermanenza sottile. I fisici delle particelle non danno per scontata l'apparenza di un oggetto concreto, come un tavolo; considerano invece i cambiamenti all'interno dei suoi elementi più piccoli.

La felicità comune è come la rugiada su una foglia d'erba: scompare molto rapidamente. Il fatto che svanisca ne rivela l'impermanenza e la dipendenza da altre forze, cause e condizioni. Il suo svanire mostra, inoltre, che non c'è modo di fare bene ogni cosa; indipendentemente da quello che fai nel contesto dell'esistenza ciclica, non puoi andare oltre l'ambito della sofferenza. Capendo che la vera natura delle cose è l'impermanenza, non rimarrai sconvolto dal cambiamento, quando avverrà, e neppure dalla morte.

Meditazione

Considera quanto segue:

1. La mia mente, il mio corpo, le mie proprietà e la mia esistenza sono impermanenti semplicemente perché sono il prodotto di cause e di condizioni.
2. Le medesime cause che producono la mia mente, il mio corpo, le mie proprietà e la mia esistenza fanno anche in modo che essi si disintegrino un istante dopo l'altro.
3. Il fatto che le cose abbiano una natura di impermanenza indica che non sono dotate di una forza intrinseca; esse funzionano in virtù di influenze esterne.

4. Considerando erroneamente costante ciò che invece si disintegra un istante dopo l'altro, genero dolore per me e per gli altri.

5. Dal profondo del mio cuore devo cercare di andare oltre questo ciclo di sofferenza causato dalla convinzione erronea che l'impermanente sia permanente.

Estendere tutto ciò agli altri

Poiché ciò che ci rovina sono i nostri atteggiamenti di permanenza e di autoindulgenza, le meditazioni più feconde sono, da una parte, quelle sull'impermanenza e sulla vacuità di esistenza intrinseca e, dall'altra, quelle sull'amore e sulla compassione. Ecco perché Buddha sottolineò che la compassione e la saggezza sono le due ali dell'uccello che vola verso l'illuminazione.

Partendo dalla tua esperienza del non riconoscere l'impermanenza per quello che davvero è, puoi capire perché altri esseri senzienti vaghino attraverso forme illimitate di esistenza ciclica commettendo lo stesso errore. Contempla la loro inconcepibile sofferenza e la loro somiglianza a te nel volere la felicità e nel non volere la sofferenza. Nel corso di innumerevoli esistenze costoro sono stati i tuoi più intimi amici, che ti sostenevano con gentilezza e ti erano dunque molto cari. Comprendendo che hai la responsabilità di aiutarli a ottenere la felicità e di liberarli dalla sofferenza, sviluppi una grande compassione e un grande amore.

A volte, quando mi trovo in una grande città e osservo il traffico da una camera d'albergo a uno dei piani alti – le centinaia o addirittura le migliaia di automobili che vanno in tutte le direzioni –, rifletto sul fatto che, pur essendo impermanenti, tutti questi esseri pensano «Voglio essere felice», «Devo fare questo lavoro», «Devo guadagnare questo denaro», «Devo fare questo». Costoro immaginano erroneamente di essere permanenti. Questo pensiero suscita la mia compassione.

Meditazione

Concentrati su un amico e considera con sentimento quanto segue:

1. La mente, il corpo, le proprietà e l'esistenza di questa persona sono impermanenti perché sono il prodotto di cause e di condizioni.
2. Le stesse cause che producono la mente, il corpo, le proprietà e l'esistenza di questa persona fanno anche sì che essi si disintegrino un istante dopo l'altro.
3. Il fatto che le cose abbiano una natura di impermanenza indica che non sono dotate di forza intrinseca; esse funzionano in virtù di influenze esterne.
4. Considerando erroneamente come costante ciò che invece si disintegra un istante dopo l'altro, questo amico genera dolore per sé e per gli altri.

Adesso coltiva i tre livelli dell'amore:

1. Questa persona vuole la felicità, ma ne è priva. Come sarebbe bello se potesse essere permeata dalla felicità e dalle sue cause!
2. Questa persona vuole la felicità, ma ne è priva. Possa essere permeata dalla felicità e dalle sue cause!
3. Questa persona vuole la felicità, ma ne è priva. Farò tutto quello che posso perché sia permeata dalla felicità e dalle sue cause!

Adesso coltiva i tre livelli della compassione:

1. Questa persona vuole la felicità e non vuole la sofferenza e tuttavia è colpita da un grande dolore. Se solo potesse essere liberata dalla sofferenza e dalle sue cause!
2. Questa persona vuole la felicità e non vuole la sofferenza e tuttavia è colpita da un grande dolore. Possa essere liberata dalla sofferenza e dalle sue cause!

3. Questa persona vuole la felicità e non vuole la sofferenza e tuttavia è colpita da un grande dolore. L'aiuterò a liberarsi dalla sofferenza e dalle sue cause!

Adesso coltiva un impegno assoluto:

1. L'esistenza ciclica è un processo guidato dall'ignoranza.
2. È, dunque, realistico che io mi adoperi per raggiungere l'illuminazione e per aiutare gli altri a fare altrettanto.
3. Quand'anche dovessi farlo da solo, libererò tutti gli esseri senzienti dalla sofferenza e dalle sue cause e li unirò alla felicità e alle sue cause.

Porta l'attenzione sugli individui, uno alla volta – prima gli amici, poi le persone neutre e infine i nemici, cominciando da quelli meno aggressivi – e ripeti queste riflessioni in relazione a tutti loro. Ci vorranno mesi, anni, ma i benefici derivanti da questa pratica saranno straordinari.

XXIII

Lasciarsi assorbire dall'amore ultimo

> Non basta che la dottrina sia grande.
> La persona dev'essere grande nell'atteggiamento.
>
> DETTO TIBETANO

Adesso che conosciamo la vacuità di esistenza intrinseca, possiamo affrontare il livello più profondo dell'amore e della compassione. Chandrakirti ne parla in questi termini:

> Rendo onore all'amorevole cura per coloro che trasmigrano in quanto vuoti di esistenza intrinseca, sebbene sembrino esserne dotati, come un riflesso della luna sull'acqua.

Il riflesso della luna sull'acqua chiara e tranquilla assomiglia alla luna in tutto e per tutto, ma non è affatto la luna, la quale in realtà è in cielo. Questa immagine simboleggia l'apparenza dell'«io» e di tutti gli altri fenomeni come se esistessero intrinsecamente: sebbene sembrino esistere di per sé, in realtà essi sono vuoti di una tale esistenza. Come chi scambia il riflesso della luna per la luna, noi scambiamo l'apparenza dell'«io» e di altri fenomeni per cose che esistono di per sé.

Puoi utilizzare questa metafora per sviluppare una comprensione intuitiva di come siamo inutilmente portati alla sofferenza dall'accettazione di false apparenze, cadendo così in preda alla bramosia, all'odio e a tutte le azioni che ne derivano, accumulando karma e rinascendo più volte in un ciclo segnato dal dolore. Questa intuizione stimolerà un amore e una compassione profondi perché vedrai con chiarezza quanto siano inutili questi mali.

Qui gli esseri senzienti sono visti non solo come sofferenti in un processo articolato in sei parti, al pari di un secchio in un pozzo, e dotati di un'impermanenza temporanea come un riflesso luminoso, ma anche come soggetti all'ignoranza derivante dal conformarsi alla falsa apparenza dell'esistenza intrinseca. Con questa intuizione fresca nella mente, nascono in te un grande amore e una grande compassione per tutti gli esseri senzienti; ti senti vicino a loro perché, proprio come te, essi vogliono la felicità e non la sofferenza, e percepisci inoltre gli effetti del fatto che sono stati i tuoi amici più intimi nel corso di innumerevoli esistenze, sostenendoti con gentilezza.

Per avere accesso a forme così profonde di amore e di compassione è innanzitutto necessario capire che noi e gli altri esseri senzienti siamo vuoti di esistenza intrinseca. Riprendiamo, dunque, le fasi che portano alla comprensione della natura ultima dell'«io».

Meditazione

1. Come già hai fatto in precedenza, pensa all'obiettivo del tuo ragionamento – l'«io» intrinsecamente fondato – ricordando o immaginando una situazione in cui ci hai creduto fortemente.
2. Osserva l'ignoranza che sovrappone l'esistenza intrinseca e identificala.
3. Concentrati in particolare sulla considerazione che, se tale fondamento intrinseco esiste, l'«io» e il complesso mente-corpo dovrebbero essere o la stessa cosa o diversi.
4. Poi rifletti profondamente sull'assurdità delle affermazioni secondo cui il sé e mente-corpo sono o la stessa cosa o diversi, vedendo e sentendo l'impossibilità di tali affermazioni:

UNITÀ

- L'«io» e mente-corpo dovrebbero essere completamente e in ogni aspetto una sola cosa.
- In tal caso affermare un «io» non avrebbe senso.

- Sarebbe impossibile pensare al «mio corpo», alla «mia testa» o alla «mia mente».
- Nel momento in cui la mente e il corpo non esistono più, neppure il sé esisterebbe.
- Poiché la mente e il corpo sono plurali, anche i sé di una persona sarebbero plurali.
- Poiché l'«io» è solo uno, anche la mente e il corpo sarebbero uno.
- Come la mente e il corpo sono prodotti e si disintegrano, così bisognerebbe affermare che l'«io» è prodotto intrinsecamente e si disintegra intrinsecamente. In tal caso né gli effetti piacevoli delle azioni virtuose né gli effetti dolorosi delle azioni non virtuose ci porterebbero frutti, o noi sperimenteremmo gli effetti di azioni che non abbiamo commesso.

DIFFERENZA

- L'«io» e mente-corpo dovrebbero essere completamente separati.
- In tal caso dovrebbe essere possibile trovare l'«io» dopo avere liberato il campo dalla mente e dal corpo.
- L'«io» non avrebbe le caratteristiche dell'essere prodotto, del perdurare e del disintegrarsi, il che è assurdo.
- L'«io» dovrebbe essere solo un prodotto dell'immaginazione o essere permanente, il che è assurdo.
- L'«io» non avrebbe alcuna caratteristica fisica o mentale, il che è assurdo.

5. Non trovando un tale «io», decidi fermamente: «Né io né nessun'altra persona siamo intrinsecamente fondati».
6. Decidi: dal profondo del mio cuore devo cercare di andare oltre questo ciclo di sofferenza causato dalla convinzione erronea che l'impermanente sia permanente.

Estendere tutto ciò agli altri

Gli atteggiamenti distruttivi sono i nostri nemici interiori, il fondamento di ogni problema. Come vengono generati? A partire dalla bramosia e dall'odio, la cui radice è l'ignoranza. Poiché queste emozioni afflittive causano solo danno e non portano alcun aiuto, vanno superate. Per riuscirci dobbiamo affrontarne le cause.

Tutte le emozioni problematiche derivano dall'emozione distruttiva fondamentale, una coscienza ignorante che non sa come sono realmente le cose e le persone e ne fraintende attivamente la natura. Dobbiamo considerare le emozioni distruttive alla stregua di nemici, prima identificandole e poi elaborando tecniche per distruggerle.

Spinti dalle emozioni afflittive, ci dedichiamo ad azioni che determinano tendenze controproducenti nella mente. Le azioni non virtuose causano rinascite in vite più infelici, mentre le azioni virtuose causano rinascite in vite più felici. Eppure scaturiscono entrambe da un'ignoranza estesa. Comprendendo direttamente la verità – la vacuità di esistenza intrinseca – e abituandoti a essa con la meditazione, smetterai di accumulare il karma che ti spinge a rinascere nell'esistenza ciclica; avrai così la forza di indirizzare la tua rinascita a un più efficace aiuto degli altri.

Poiché l'esistenza ciclica è radicata nella comprensione erronea dell'esistenza intrinseca, l'unico modo per sfuggire all'esistenza ciclica consiste nel riconoscere che si tratta di un errore. Sebbene ci siano molti fattori che producono l'esistenza ciclica, solo andando alla sua radice – l'ignoranza – essa può essere interrotta, in quanto questa è l'origine di tutte le altre cause. Con le meditazioni descritte in questo libro hai imparato a coltivare gli antidoti per combattere quelle cause, così da porre fine alla sofferenza e alle cause della sofferenza. Quando interiorizzi questo processo, generi un'intenzione di ottenere la liberazione non solo a parole.

La pratica trasforma i tuoi obiettivi; generando un'intenzione profonda di uscire dal ciclo del dolore, diventi un praticante spirituale più avanzato. Come ci dice Tzong Khapa nei *Tre aspetti principali del sentiero verso l'illuminazione*, a questo punto ti concentri notte e giorno sul conseguimento della liberazione. È diventato il tuo obiettivo. Dalle profondità della mente hai deciso che se non ottieni la liberazione dall'intero processo dell'esistenza ciclica, il valore della tua vita di essere umano non sarà stato espresso appieno.

Esistere come essere umano è la base migliore per raggiungere la liberazione dall'esistenza ciclica ricorrendo alle tre pratiche dell'etica, della meditazione concentrata e della saggezza. La pratica dell'etica consiste nell'astenersi intenzionalmente da cattivi comportamenti del corpo, della parola e della mente. I comportamenti nocivi più sottili si eliminano con l'addestramento alla meditazione concentrata della calma dimorante. La rinuncia definitiva alle cattive azioni si ottiene esercitandosi alla saggezza intuitiva della vacuità di esistenza intrinseca.

Inizialmente ti addestri all'etica perché, quando agisci sotto l'influsso di emozioni afflittive grossolane, il tuo comportamento fisico e verbale diventa sgradevole e danneggia te stesso e gli altri. L'etica implica, invece, un controllo su queste attività grossolane affinché non si manifestino; la pratica dell'etica, tuttavia, non può sradicare le emozioni afflittive. E solo quando le emozioni afflittive saranno state completamente eliminate otterrai la liberazione.

Ecco la procedura che devi intraprendere dopo che avrai compreso la tua condizione nell'esistenza ciclica:

1. Innanzitutto allenati a riconoscere l'estensione della sofferenza in questa esistenza.

2. Poi genera avversione per tutte le forme di quel ciclo della sofferenza da un'esistenza all'altra, che chiamiamo «esistenza ciclica», e allenati all'etica, alla meditazione concentrata e alla saggezza.

3. Infine, esercitandoti appieno in queste pratiche, raggiungerai uno stato di liberazione dall'esistenza ciclica, nel quale la sofferenza si è completamente estinta.

In questo modo potrai ottenere la liberazione ma, anche allora, non avrai ancora realizzato appieno i tuoi obiettivi. Devi ancora superare il principale ostacolo alla piena capacità di aiutare gli altri, ovvero le predisposizioni lasciate nella mente dall'ignoranza della vera natura delle persone e delle cose. Anche se l'ignoranza stessa è stata superata, tali predisposizioni rimangono latenti nella mente, impedendole di conoscere tutto ciò che è conoscibile.

Quando sei in questo stato, se anche tenti di aiutare gli altri ne risulterà un beneficio limitato. Per quanto sia indubbiamente benefico ottenere la liberazione dall'esistenza ciclica, in termini di qualità della mente, la tua prospettiva rimane principalmente legata al benessere individuale. Dal punto di vista del tuo personale progresso, il processo di superamento degli ostacoli e di consapevolezza degli stati elevati non è ancora completo; continui a dimorare in una forma di pace solitaria.

È importante non sviluppare una tendenza alla pace solitaria perché, mirando esclusivamente a liberare te stesso, allunghi il processo che porta al conseguimento dell'illuminazione altruistica diretta al bene degli altri, che è lo scopo supremo. Prendendoti cura principalmente di te stesso favorisci un atteggiamento di autoindulgenza di cui in seguito, durante l'addestramento al grande amore e alla grande compassione, ti sarà difficile liberarti. Di conseguenza, è fondamentale che fin dall'inizio tu non investa completamente la tua forza mentale a beneficio di te stesso.

Comprendendo la vacuità, capisci che è possibile liberarsi dalla trappola dell'esistenza ciclica, il che rafforza il tuo proposito di abbandonarla; quando capisci che anche la sofferenza degli altri è indotta dall'ignoranza, ti rendi conto che essi hanno la possibilità di liberarsi da ogni forma di sofferenza, il che rafforza la tua decisione di aiutarli. E così l'intuizione fa dell'amore e della compassione espressioni realistiche di una conoscenza profonda. Come disse

Buddha, «la compassione di Buddha per gli esseri senzienti si genera attraverso la contemplazione: "Sebbene tutti i fenomeni siano vuoti, gli esseri senzienti si aggrappano alla visione dell'esistenza intrinseca"».

Capendo che gli esseri sono vuoti di esistenza intrinseca, sviluppi un amore e una compassione ancora più profondi grazie alla visione olistica del fatto che sono gli esseri stessi a infliggersi la sofferenza a causa dell'ignoranza della natura delle persone e degli altri fenomeni. La comprensione della vacuità di esistenza intrinseca apre la via al potenziamento dell'amore e della compassione. Capire la natura ultima delle persone e delle cose richiama alla mente il numero illimitato di esseri senzienti che sono simili a te nel volere la felicità e nel non volere la sofferenza, e che, nel corso di innumerevoli esistenze, sono stati i tuoi amici più intimi e ti hanno sostenuto con gentilezza. A partire da questa sensazione di intimità combinata con la conoscenza del perché essi patiscono serie cicliche di dolore attraverso la rinascita, generi una forte sollecitudine per il loro benessere.

Meditazione

Concentra l'attenzione su un amico e, mentre ricordi il processo rovinoso dell'esistenza ciclica, considera quanto segue:

1. Come me, questa persona è persa in un oceano di comprensione erronea del «sé» come intrinsecamente esistente alimentato da un grande fiume di ignoranza che considera erroneamente il corpo e la mente intrinsecamente esistenti e agitato dai venti dei pensieri e delle azioni controproducenti.

2. Come chi scambia il riflesso della luna sull'acqua per la luna stessa, questa persona scambia l'apparenza dell'«io» e di altri fenomeni per la prova del fatto che esistono in sé e per sé.

3. Accettando tale falsa apparenza, questa persona è inesorabilmente portata alla bramosia e all'odio, che le fanno accumulare karma e la fanno ripetutamente rinascere in un ciclo di sofferenza.
4. Attraverso tale processo questa persona arreca inutilmente dolore a sé e agli altri.

Adesso coltiva i tre livelli dell'amore:

1. Questa persona vuole la felicità, ma ne è priva. Come sarebbe bello se potesse essere permeata dalla felicità e dalle sue cause!
2. Questa persona vuole la felicità, ma ne è priva. Possa essere permeata dalla felicità e dalle sue cause!
3. Questa persona vuole la felicità, ma ne è priva. Farò tutto quello che posso perché sia permeata dalla felicità e dalle sue cause!

Adesso coltiva i tre livelli della compassione:

1. Questa persona vuole la felicità e non vuole la sofferenza e tuttavia è colpita da un grande dolore. Se solo potesse essere liberata dalla sofferenza e dalle sue cause!
2. Questa persona vuole la felicità e non vuole la sofferenza e tuttavia è colpita da un grande dolore. Possa essere liberata dalla sofferenza e dalle sue cause!
3. Questa persona vuole la felicità e non vuole la sofferenza e tuttavia è colpita da un grande dolore. L'aiuterò a liberarsi dalla sofferenza e dalle sue cause!

Adesso coltiva un impegno assoluto:

1. L'esistenza ciclica è un processo guidato dall'ignoranza.
2. È, dunque, realistico che io mi adoperi per raggiungere l'illuminazione e per aiutare gli altri a fare altrettanto.
3. Quand'anche dovessi farlo da solo, libererò tutti gli esseri senzienti dalla sofferenza e dalle sue cause e li unirò alla felicità e alle sue cause.

Porta l'attenzione sugli individui, uno alla volta – prima gli amici, poi le persone neutre e infine i nemici, cominciando da quelli meno aggressivi – e ripeti queste riflessioni in relazione a tutti loro. Ci vorranno mesi, anni, ma i benefici derivanti da questa pratica saranno straordinari.

L'impatto di un grande amore e di una grande compassione

Disponiti a familiarizzare con questo atteggiamento, assumendoti l'impegno di proteggere tutti gli esseri senzienti da ogni problema; fallo ripetutamente e con un'analisi regolare. La tua empatia sarà così grande da permeare tutto il tuo essere. Senza desiderio di ricompensa, il tuo obiettivo sarà unicamente lo sviluppo degli altri, e non ti sentirai mai scoraggiato o sfiduciato nell'impresa.

Appendice
Riepilogo delle meditazioni

La necessità dell'intuizione

Porre le basi per sviluppare l'intuizione

1. Tutte le emozioni controproducenti sono fondate sull'ignoranza della vera natura delle persone e delle cose e da essa dipendono.
2. Ci sono modi specifici per eliminare temporaneamente la bramosia e l'odio, ma se rimuoviamo l'ignoranza che fraintende la nostra natura, quella degli altri e di tutte le cose, tutte le emozioni distruttive saranno rimosse.
3. L'ignoranza vede i fenomeni – che in realtà non esistono in sé e per sé – come se esistessero indipendentemente dal pensiero.

Scoprire la fonte dei problemi

Considera i seguenti punti:

1. L'aspetto attraente di un oggetto sembra esserne parte integrante?
2. L'aspetto attraente di un oggetto ne oscura pregi e difetti?
3. L'esagerazione della piacevolezza di certi oggetti conduce alla bramosia?

4. L'esagerazione della spiacevolezza di certi oggetti conduce all'odio?
5. Osserva come:
   - Prima percepisci un oggetto.
   - Poi noti se l'oggetto è buono o cattivo.
   - Poi concludi che l'oggetto ha la propria base indipendente di esistenza.
   - Poi concludi che la bontà o la cattiveria dell'oggetto esiste intrinsecamente nell'oggetto.
   - Poi generi la bramosia o l'odio, a seconda del tuo precedente giudizio.

Perché è necessario capire la verità

Considera che:

1. L'ignoranza porta a esagerare l'importanza della bellezza, della bruttezza e di altre qualità.
2. L'esagerazione di tali qualità porta alla bramosia, all'odio, alla gelosia, alla conflittualità e via dicendo.
3. Queste emozioni distruttive portano ad azioni contaminate da una percezione erronea.
4. Queste azioni (karma) portano a un'impotente nascita e rinascita nell'esistenza ciclica e a ripetuti coinvolgimenti nei problemi.
5. Eliminare l'ignoranza cancella l'esagerazione di qualità positive e negative; ciò estingue la bramosia, l'odio, la gelosia, la conflittualità e così via, mettendo fine alle azioni contaminate da una percezione erronea e, di conseguenza, alla nascita e rinascita nell'esistenza ciclica.
6. L'intuizione è lo sbocco.

Come eliminare l'ignoranza

Sentire l'impatto dell'interrelazione

1. Pensa a un fenomeno impermanente, per esempio a una casa.
2. Considera il suo formarsi in dipendenza da cause specifiche: il legno, i muratori e così via.
3. Valuta se tale dipendenza è in conflitto con il fatto che la casa sembra esistere di per sé.

Poi

1. Pensa a un fenomeno impermanente, per esempio a un libro.
2. Considera il suo formarsi in dipendenza dalle sue parti: le pagine e la copertina.
3. Valuta se questa dipendenza dalle parti è in conflitto con il fatto che il libro sembra esistere di per sé.

Poi

1. Considera la coscienza che presta attenzione a un vaso blu.
2. Rifletti sul suo formarsi in dipendenza dalle sue parti: i vari momenti che ne costituiscono il continuum.
3. Valuta se tale dipendenza dalle parti è in conflitto con il fatto che il vaso sembra esistere di per sé.

Poi

1. Considera lo spazio in generale.
2. Rifletti sul suo formarsi in dipendenza dalle sue parti: il nord, il sud, l'est e l'ovest.
3. Valuta se tale dipendenza dalle parti è in conflitto con il fatto che lo spazio sembra esistere di per sé.

Inoltre

1. Considera lo spazio di una tazza.
2. Rifletti sul suo formarsi in dipendenza dalle sue parti: la metà superiore e quella inferiore.
3. Valuta se tale dipendenza dalle parti è in conflitto con il fatto che lo spazio della tazza sembra esistere di per sé.

Comprendere la logica del sorgere-dipendente

Considera che:

1. Dipendente e indipendente costituiscono una dicotomia. Tutto ciò che esiste è o l'uno o l'altro.
2. Quando qualcosa è dipendente, dev'essere vuoto di esistere per facoltà propria.
3. Non possiamo trovare l'«io» in nessuna delle parti del corpo e della mente che costituiscono la base dell'«io». L'«io», dunque, è fondato non per facoltà propria, ma grazie alla forza di altre condizioni: le sue cause, le sue parti e il pensiero.

Vedere l'interdipendenza dei fenomeni

Considera che:

1. L'esistenza intrinseca non è mai esistita, non esiste e non esisterà mai.
2. Poiché, comunque, immaginiamo che essa esista, siamo indotti alle emozioni distruttive.
3. La convinzione che i fenomeni siano dotati di esistenza intrinseca è una forma estrema di esagerazione, un baratro spaventoso.
4. La convinzione che i fenomeni impermanenti non possano svolgere funzioni, o agire come causa ed effetto, è una forma estrema di negazione, un altro baratro spaventoso.

5. Capire che tutti i fenomeni sono vuoti di esistenza intrinseca in quanto sono sorgere-dipendenti evita entrambi gli estremi. Capire che i fenomeni sono sorgere-dipendenti evita l'estremo della negazione pericolosa; capire che sono vuoti di esistenza intrinseca evita l'estremo dell'esagerazione pericolosa.

Valutare il sorgere-dipendente e la vacuità

Considera che:

1. Poiché le persone sono sorgere-dipendenti, sono vuote di esistenza intrinseca. Essendo dipendenti, non sono autofondanti.
2. Poiché le cose e le persone sono vuote di esistenza intrinseca, devono essere sorgere-dipendenti. Se i fenomeni esistessero di per sé non potrebbero dipendere da altri fattori, né dalle cause né dalle parti che li costituiscono, né dal pensiero. Poiché i fenomeni non sono in grado di darsi un fondamento, possono trasformarsi.
3. Queste due comprensioni devono funzionare insieme sostenendosi a vicenda.

Indirizzare la forza della concentrazione e dell'intuizione

Focalizzare la mente

1. Osserva attentamente un'immagine di Buddha o di qualche altro personaggio o simbolo religioso, notandone la forma, il colore e i dettagli.
2. Fai in modo che questa immagine appaia internamente alla tua coscienza, immaginando che si trovi all'altezza delle tue sopracciglia, a una distanza di un metro e mez-

zo o due da te, alta tra i due e gli otto centimetri (più è piccola e meglio è) e lucente.
3. Pensa che l'immagine sia reale, dotata di magnifiche qualità fisiche, verbali e mentali.

Preparare la mente a meditare

1. Porta la mente sull'oggetto di meditazione.
2. Mediante l'introspezione controlla di tanto in tanto se la tua mente rimane sull'oggetto.
3. Se scopri che ha deviato, richiama all'attenzione l'oggetto e riporta su di esso la mente ogni qualvolta sia necessario.

Poi

1. Per contrastare la fiacchezza, che è un modo troppo dispersivo di percepire l'oggetto meditativo:
   - Cerca innanzitutto di irrigidire appena un po' il tuo modo di restare sull'oggetto.
   - Se questo non funziona, rendi più luminoso o eleva l'oggetto, oppure presta maggiore attenzione ai particolari.
   - Se questo non funziona, lascia perdere l'oggetto prescelto e pensa temporaneamente a un argomento gioioso, come le meravigliose qualità dell'amore e della compassione o le splendide opportunità di pratica spirituale che la vita umana offre.
   - Se questo non funziona, interrompi la meditazione e recati in un luogo elevato o in un posto da cui si goda di un'ampia visuale.
2. Per contrastare l'eccitazione, che è un modo troppo rigido di percepire l'oggetto meditativo:
   - Cerca innanzitutto di allentare un po' il modo in cui immagini l'oggetto.

- Se questo non funziona, abbassa l'oggetto nella mente e immaginalo più pesante.
- Se questo non funziona, lascia perdere l'oggetto prescelto e pensa temporaneamente a un argomento che ti renda più calmo, per esempio al modo in cui l'ignoranza provoca le sofferenze dell'esistenza ciclica, oppure all'imminenza della morte o agli svantaggi dell'oggetto verso il quale hai deviato, e agli svantaggi della distrazione stessa.

Come porre fine all'autoinganno

Meditare innanzitutto su di sé

Considera che:

1. La persona è al centro di tutti i problemi.
2. La cosa migliore è, dunque, dedicarsi a comprendere innanzitutto la propria natura.
3. Tale comprensione può essere in seguito applicata alla mente, al corpo, alla casa, all'automobile, al denaro e a tutti gli altri fenomeni.

Comprendere che non si esiste di per sé

1. Immagina che qualcuno ti critichi per qualcosa che in realtà non hai fatto, che ti indichi con un dito e dica: «Hai rovinato la tal cosa».
2. Osserva la tua reazione. Come appare l'«io» alla tua mente?
3. In che modo lo percepisci?
4. Nota come tale «io» sembri esistere di per sé, essere autofondante e istituito in virtù del suo stesso carattere.

Inoltre

1. Ricorda un'occasione in cui eri stufo della tua mente, come quando, per esempio, non riuscivi a ricordare qualcosa.

2. Riesamina le tue sensazioni. Come appariva l'«io» alla tua mente in quell'occasione?
3. In che modo lo percepivi?
4. Osserva come tale «io» sembri esistere di per sé, essere autofondante e istituito in virtù del suo stesso carattere.

Inoltre

1. Ricorda un'occasione in cui eri stufo del tuo corpo o di una sua parte, per esempio dei capelli.
2. Osserva le tue sensazioni. Come appariva l'«io» alla tua mente in quell'occasione?
3. In che modo lo percepivi?
4. Nota come tale «io» sembri esistere di per sé, essere autofondante e istituito in virtù del suo stesso carattere.

Inoltre

1. Ricorda un'occasione in cui hai fatto qualcosa di orribile e hai pensato: «Ho combinato proprio un bel guaio».
2. Esamina le tue sensazioni. Come appariva l'«io» alla tua mente in quell'occasione?
3. In che modo lo percepivi?
4. Nota come tale «io» sembri esistere di per sé, essere autofondante e istituito in virtù del suo stesso carattere.

Inoltre

1. Ricorda un'occasione in cui hai fatto qualcosa di stupendo che ti ha riempito d'orgoglio.
2. Esamina le tue sensazioni. Come appariva l'«io» alla tua mente in quell'occasione?
3. In che modo lo percepivi?
4. Nota come tale «io» sembri esistere di per sé, essere autofondante e istituito in virtù del suo stesso carattere.

Inoltre

1. Ricorda un'occasione in cui ti è successo qualcosa di meraviglioso che ti ha dato un grande piacere.
2. Osserva le tue sensazioni. Come appariva l'«io» alla tua mente in quell'occasione?
3. In che modo lo percepivi?
4. Nota come tale «io» sembri esistere di per sé, essere autofondante e istituito in virtù del suo stesso carattere.

Determinare le scelte

1. Analizza se l'«io» che è intrinsecamente autofondato nel contesto del complesso mente-corpo potrebbe esistere in qualche modo senza essere parte di, o separato da, mente e corpo.
2. Considera altri fenomeni – come una tazza e un tavolo oppure una casa e una montagna – a titolo di esempio. Osserva che non esiste una terza categoria di esistenza. Essi sono o la stessa cosa o diversi.
3. Decidi che, se l'«io» esiste intrinsecamente come sembra, dev'essere o una cosa sola con la mente e il corpo o separato dalla mente e dal corpo.

Analizzare l'unità

Rifletti sulle conseguenze derivanti dall'ipotesi che l'«io» sia fondato in sé e per sé, in conformità al modo in cui appare alla nostra mente, e sia anche la stessa cosa del complesso mente-corpo:

1. L'«io» e mente-corpo dovrebbero essere completamente e in ogni aspetto una sola cosa.
2. In tal caso affermare un «io» non avrebbe senso.

3. Sarebbe impossibile pensare al «mio corpo», alla «mia testa» o alla «mia mente».
4. Nel momento in cui la mente e il corpo non esistono più, neppure il sé esisterebbe.
5. Poiché la mente e il corpo sono plurali, anche i sé di una persona sarebbero plurali.
6. Poiché l'«io» è solo uno, anche la mente e il corpo sarebbero uno.
7. Come la mente e il corpo sono prodotti e si disintegrano, così bisognerebbe affermare che l'«io» è prodotto intrinsecamente e si disintegra intrinsecamente. In tal caso né gli effetti piacevoli delle azioni virtuose né gli effetti dolorosi delle azioni non virtuose ci porterebbero frutti, o noi sperimenteremmo gli effetti di azioni che non abbiamo commesso.

Analizzare la differenza

Rifletti sulle conseguenze derivanti dall'ipotesi che l'«io» sia fondato in sé e per sé, in conformità al modo in cui appare alla nostra mente, e sia anche intrinsecamente diverso dal complesso mente-corpo:

1. L'«io» e mente-corpo dovrebbero essere completamente separati.
2. In tal caso dovrebbe essere possibile trovare l'«io» dopo avere liberato il campo dalla mente e dal corpo.
3. L'«io» non avrebbe le caratteristiche dell'essere prodotto, del perdurare e del disintegrarsi, il che è assurdo.
4. L'«io» dovrebbe essere solo un prodotto dell'immaginazione o essere permanente, il che è assurdo.
5. L'«io» non avrebbe alcuna caratteristica fisica o mentale, il che è assurdo.

Giungere a una conclusione

Riprendi più volte i quattro passi verso la comprensione:

1. Concentrati sull'obiettivo, l'apparenza dell'«io» come se fosse fondato in sé e per sé.
2. Decidi che se l'«io» esiste nel modo che sembra, deve essere o una cosa sola con la mente e con il corpo o separato dalla mente e dal corpo.
3. Contempla a fondo i problemi legati al fatto che l'«io» e il complesso mente-corpo siano la stessa cosa.
   - L'«io» e mente-corpo dovrebbero essere completamente e in ogni aspetto una sola cosa.
   - In tal caso affermare un «io» non avrebbe senso.
   - Sarebbe impossibile pensare al «mio corpo», alla «mia testa» o alla «mia mente».
   - Nel momento in cui la mente e il corpo non esistono più, neppure il sé esisterebbe.
   - Poiché la mente e il corpo sono plurali, anche i sé di una persona sarebbero plurali.
   - Poiché l'«io» è solo uno, anche la mente e il corpo sarebbero uno.
   - Come la mente e il corpo sono prodotti e si disintegrano, così bisognerebbe affermare che l'«io» è prodotto intrinsecamente e si disintegra intrinsecamente. In tal caso né gli effetti piacevoli delle azioni virtuose né gli effetti dolorosi delle azioni non virtuose ci porterebbero frutti, o noi sperimenteremmo gli effetti di azioni che non abbiamo commesso.
4. Contempla a fondo i problemi derivanti dal fatto che l'«io» e il complesso mente-corpo siano intrinsecamente diversi.
   - L'«io» e mente-corpo dovrebbero essere completamente separati.
   - In tal caso dovrebbe essere possibile trovare l'«io» dopo avere liberato il campo dalla mente e dal corpo.

- L'«io» non avrebbe le caratteristiche dell'essere prodotto, del perdurare e del disintegrarsi, il che è assurdo.
- L'«io» dovrebbe essere solo un prodotto dell'immaginazione o essere permanente, il che è assurdo.
- L'«io» non avrebbe alcuna caratteristica fisica o mentale, il che è assurdo.

Saggiare la propria comprensione

1. Ripercorri le quattro fasi dell'analisi descritte nel capitolo *Giungere a una conclusione*.
2. Quando la sensazione che l'«io» sia autofondante si sgretola e svanisce in una vacuità, passa a considerare, per esempio, il tuo braccio.
3. Vedi se la sensazione che il tuo braccio esista intrinsecamente svanisce subito in virtù del ragionamento precedente.
4. Se l'analisi precedente non si applica immediatamente al tuo braccio, la tua comprensione è ancora a un livello grossolano.

Estendere questa intuizione a ciò che si possiede

1. I fenomeni interni, come la tua mente e il tuo corpo, ti appartengono e sono dunque «tuoi».
2. Anche gli oggetti esterni che possiedi, come gli abiti o l'automobile, sono «tuoi».
3. Se l'«io» non esiste intrinsecamente, ciò che è «mio» non può proprio esistere intrinsecamente.

Equilibrare la calma e l'intuizione

Per il momento puoi alternare un po' di meditazione stabilizzante con un po' di meditazione analitica, per assaporare il procedimento e al tempo stesso rafforzare la meditazione che stai praticando attualmente.

1. Innanzitutto focalizza la mente su un singolo oggetto, come un'immagine di Buddha o il tuo respiro.
2. Usa la meditazione analitica descritta nelle quattro fasi per meditare sulla natura dell'«io» (vedi il capitolo *Giungere a una conclusione*).
3. Quando sviluppi una piccola intuizione, mantienila nella meditazione stabilizzante, comprendendone l'impatto.
4. Poi, quando la sensazione diminuisce un po', ritorna alla meditazione analitica per riattivare la sensazione e sviluppare una maggiore intuizione.

Come le cose e le persone esistono nella realtà

Vedersi come un'illusione

1. Ricorda un'occasione in cui hai scambiato il riflesso di una persona in uno specchio per la persona vera e propria.
2. Pareva una persona, ma non lo era.
3. Analogamente, tutte le persone e le cose sembrano esistere di per sé senza dipendere da cause e condizioni, dalle loro parti e dal pensiero, ma non è così.
4. Le persone e le cose sono, dunque, *simili* alle illusioni.

Poi

1. Come già hai fatto in precedenza, pensa all'obiettivo del tuo ragionamento – l'«io» intrinsecamente fondato – ricordando o immaginando una situazione in cui ci hai creduto fortemente.
2. Osserva l'ignoranza che sovrappone l'esistenza intrinseca e identificala.
3. Concentrati in particolare sulla considerazione che, se tale fondamento intrinseco esiste, l'«io» e il complesso mente-corpo dovrebbero essere o la stessa cosa o diversi.

4. Poi rifletti profondamente sull'assurdità delle affermazioni secondo cui il sé e mente-corpo sono o la stessa cosa o diversi, vedendo e sentendo l'impossibilità di tali affermazioni.

UNITÀ

- L'«io» e mente-corpo dovrebbero essere completamente e in ogni aspetto una sola cosa.
- In tal caso affermare un «io» non avrebbe senso.
- Sarebbe impossibile pensare al «mio corpo», alla «mia testa» o alla «mia mente».
- Nel momento in cui la mente e il corpo non esistono più, neppure il sé esisterebbe.
- Poiché la mente e il corpo sono plurali, anche i sé di una persona sarebbero plurali.
- Poiché l'«io» è solo uno, anche la mente e il corpo sarebbero uno.
- Come la mente e il corpo sono prodotti e si disintegrano, così bisognerebbe affermare che l'«io» è prodotto intrinsecamente e si disintegra intrinsecamente. In tal caso né gli effetti piacevoli delle azioni virtuose né gli effetti dolorosi delle azioni non virtuose ci porterebbero frutti, o noi sperimenteremmo gli effetti di azioni che non abbiamo commesso.

DIFFERENZA

- L'«io» e mente-corpo dovrebbero essere completamente separati.
- In tal caso dovrebbe essere possibile trovare l'«io» dopo avere liberato il campo dalla mente e dal corpo.
- L'«io» non avrebbe le caratteristiche dell'essere prodotto, del perdurare e del disintegrarsi, il che è assurdo.

- L'«io» dovrebbe essere solo un prodotto dell'immaginazione o essere permanente, il che è assurdo.
- L'«io» non avrebbe alcuna caratteristica fisica o mentale, il che è assurdo.

5. Non trovando un tale «io», decidi fermamente: «Né io né nessun'altra persona siamo intrinsecamente fondati».

6. Fermati un po' ad assimilare il significato della vacuità, concentrandoti sull'assenza di fondamento intrinseco.

7. Poi permetti di nuovo alle apparenze delle persone di farsi strada nella tua mente.

8. Rifletti sul fatto che, nel contesto del sorgere-dipendente, le persone si impegnano anche in azioni, accumulando così karma e sperimentando gli effetti di tali azioni.

9. Constata che l'apparenza delle persone è efficace e plausibile nel contesto dell'assenza di esistenza intrinseca.

10. Quando efficacia e vacuità sembrano in contraddizione, ricorri all'esempio di un'immagine speculare:
    - L'immagine di una faccia è innegabilmente prodotta in dipendenza da una faccia e da uno specchio, anche se è vuota di occhi, orecchie e di tutto quanto sembra avere ed è innegabile che l'immagine di una faccia scompare quando la faccia o lo specchio sono assenti.
    - Analogamente, per quanto una persona non abbia neppure un briciolo di fondamento intrinseco, non c'è contraddizione nel fatto che compia azioni, accumuli karma, sperimenti effetti e sia nata in dipendenza dal karma e dalle emozioni distruttive.

11. Cerca di vedere l'assenza di contraddizione tra efficacia e vacuità in riferimento a tutte le persone e le cose.

Constatare che tutto dipende dal pensiero

1. Ripercorri una situazione in cui traboccavi di odio o di desiderio.
2. Non ti sembra forse che la persona o la cosa odiata o desiderata sia molto consistente, molto concreta?
3. Stando così le cose, non puoi in alcun modo sostenere di riuscire già a vedere i fenomeni come dipendenti dal pensiero.
4. Li vedi come esistenti di per sé.
5. Ricorda che è necessario meditare frequentemente sulla vacuità per contrastare la falsa apparenza dei fenomeni.

Poi considera che:

1. L'«io» è fondato dipendentemente dalla mente e dal corpo.
2. Ciononostante, la mente e il corpo non sono l'«io» né l'«io» è la mente e il corpo.
3. L'«io», dunque, dipende dal pensiero concettuale, fondato sulla mente.
4. Il fatto che l'«io» dipenda dal pensiero implica che l'«io» non esiste di per sé.
5. Adesso osserva che hai una migliore consapevolezza di che cosa significa che qualcosa esiste in sé e per sé, dell'esistenza intrinseca che la comprensione della vacuità mira a confutare.

Rendere più profondo l'amore con l'intuizione

Provare empatia

Applica le sei somiglianze qui di seguito elencate a te stesso, così da capire la natura della tua sofferenza ed esercitare una forte intenzione di trascendere questa dinamica.

1. Come un secchio in un pozzo è appeso a una corda, così io sono vincolato da emozioni controproducenti e dalle azioni da esse generate.
2. Come il movimento in su e in giù del secchio all'interno del pozzo è governato da chi lo esegue, così il processo della mia esistenza ciclica è governato dalla mia mente indisciplinata, specialmente a causa della convinzione erronea nella mia esistenza intrinseca e nell'esistenza intrinseca del «mio».
3. Come il secchio viaggia in continuazione su e giù nel pozzo, così io vago senza sosta nel grande pozzo dell'esistenza ciclica, dagli stati più elevati della felicità temporanea a quelli più bassi del dolore temporaneo.
4. Come è necessario un grande sforzo per tirare su il secchio, che, invece, scende facilmente, così io devo fare un grande sforzo per tirarmi su verso una vita più felice, mentre scendo facilmente in situazioni dolorose.
5. Come un secchio non determina i suoi movimenti, così i fattori coinvolti nel dare forma alla mia esistenza sono il risultato di ignoranza, attaccamento e cupidigia nel passato; nel presente, questi stessi fattori creano costantemente ulteriori problemi alle mie esistenze future, come onde nell'oceano.
6. Come un secchio va a sbattere contro le pareti del pozzo quando scende e risale, così io sono quotidianamente colpito dalla sofferenza del dolore e del cambiamento, nonché dal coinvolgimento in processi che non sono in grado di controllare.
7. Di conseguenza, dal profondo del mio cuore devo cercare di uscire da questa serie ciclica di sofferenza.

Poi concentra la tua attenzione su un amico e pensa con sentimento:

1. Come il secchio è appeso a una corda, così questa persona è costretta dalle emozioni controproducenti e dalle azioni da esse generate.

2. Come il movimento verso il basso e verso l'alto del secchio nel pozzo è determinato da chi lo esegue, così il processo dell'esistenza ciclica di questa persona è attuato dalla sua mente indisciplinata, in particolare a causa della credenza erronea nell'esistenza intrinseca del sé e nell'esistenza intrinseca di «mio».

3. Come il secchio percorre su e giù all'infinito la superficie del pozzo, così questa persona vaga senza sosta nel grande pozzo dell'esistenza ciclica, dagli stati più elevati della felicità temporanea a quelli più bassi del dolore temporaneo.

4. Come è necessario un grande sforzo per tirare su il secchio, che scende invece con facilità, così questa persona deve produrre un grande sforzo per tirarsi su verso una vita più felice, mentre si cala facilmente in situazioni dolorose.

5. Come un secchio non determina i suoi movimenti, così i fattori coinvolti nel dare forma all'esistenza di questa persona sono il risultato di ignoranza, attaccamento e avidità nel passato; nel presente, questi stessi fattori creano costantemente ulteriori problemi alle sue esistenze future, come onde nell'oceano.

6. Come il secchio va a sbattere contro le pareti del pozzo quando scende e risale, così questa persona è quotidianamente colpita dalla sofferenza del dolore e del cambiamento, nonché dal coinvolgimento in processi che non è in grado di controllare.

Adesso coltiva i tre livelli dell'amore:

1. Questa persona vuole la felicità, ma ne è priva. Come sarebbe bello se potesse essere permeata dalla felicità e dalle sue cause!

2. Questa persona vuole la felicità, ma ne è priva. Possa essere permeata dalla felicità e dalle sue cause!

3. Questa persona vuole la felicità, ma ne è priva. Farò tutto quello che posso perché sia permeata dalla felicità e dalle sue cause!

Adesso coltiva i tre livelli della compassione:

1. Questa persona vuole la felicità e non vuole la sofferenza e tuttavia è colpita da un grande dolore. Se solo potesse essere liberata dalla sofferenza e dalle sue cause!
2. Questa persona vuole la felicità e non vuole la sofferenza e tuttavia è colpita da un grande dolore. Possa essere liberata dalla sofferenza e dalle sue cause!
3. Questa persona vuole la felicità e non vuole la sofferenza e tuttavia è colpita da un grande dolore. L'aiuterò a liberarsi dalla sofferenza e dalle sue cause!

Adesso coltiva un impegno assoluto:

1. L'esistenza ciclica è un processo guidato dall'ignoranza.
2. È, dunque, realistico che io mi adoperi per raggiungere l'illuminazione e per aiutare gli altri a fare altrettanto.
3. Quand'anche dovessi farlo da solo, libererò tutti gli esseri senzienti dalla sofferenza e dalle sue cause e li unirò alla felicità e alle sue cause.

Porta l'attenzione sugli individui, uno alla volta – prima gli amici, poi le persone neutre e infine i nemici, cominciando da quelli meno aggressivi – e ripeti queste riflessioni in relazione a tutti loro. Ci vorranno mesi, anni, ma i benefici derivanti da questa pratica saranno straordinari.

Riflettere sull'impermanenza

Memorizza quanto segue:

1. È sicuro che morirò. La morte non può essere evitata. La durata della mia vita sta per estinguersi e non può essere allungata.

2. Il momento in cui morirò è indefinito. La durata della vita varia da un essere umano all'altro. Le cause della morte sono molte, mentre quelle della vita, al confronto, sono poche. Il corpo è fragile.

3. Nel momento della morte nulla gioverà, se non un mio mutato atteggiamento. Gli amici non saranno di alcun aiuto. La mia ricchezza sarà inutile, e così pure il mio corpo.

4. Tutti noi condividiamo questa situazione di pericolo, per cui non ha senso litigare, entrare in conflitto, o sprecare tutte le nostre energie fisiche o mentali nell'accumulo di denaro e beni.

5. Devo praticare adesso per ridurre il mio attaccamento a fantasie passeggere.

6. Dal profondo del mio cuore devo cercare di andare oltre questo ciclo di sofferenza causato dalla convinzione erronea che l'impermanente sia permanente.

Poi considera quanto segue:

1. La mia mente, il mio corpo, le mie proprietà e la mia esistenza sono impermanenti semplicemente perché sono il prodotto di cause e di condizioni.

2. Le stesse cause che producono la mia mente, il mio corpo, le mie proprietà e la mia esistenza fanno anche sì che essi si disintegrino un istante dopo l'altro.

3. Il fatto che le cose abbiano una natura di impermanenza indica che non sono dotate di una forza intrinseca; esse funzionano in virtù di influenze esterne.

4. Considerando erroneamente costante ciò che invece si disintegra un istante dopo l'altro, genero dolore per me e per gli altri.

5. Dal profondo del mio cuore devo cercare di andare oltre questo ciclo di sofferenza indotto dalla convinzione erronea che l'impermanente sia permanente.

Poi concentrati su un amico e considera con sentimento quanto segue:

1. La mente, il corpo, le proprietà e l'esistenza di questa persona sono impermanenti perché sono il prodotto di cause e di condizioni.
2. Le stesse cause che producono la mente, il corpo, le proprietà e l'esistenza di questa persona fanno anche sì che essi si disintegrino un istante dopo l'altro.
3. Il fatto che le cose abbiano una natura di impermanenza indica che non sono dotate di forza intrinseca; esse funzionano in virtù di influenze esterne.
4. Considerando erroneamente come costante ciò che invece si disintegra un istante dopo l'altro, questo amico genera dolore per sé e per gli altri.

Adesso coltiva i tre livelli dell'amore:

1. Questa persona vuole la felicità, ma ne è priva. Come sarebbe bello se potesse essere permeata dalla felicità e dalle sue cause!
2. Questa persona vuole la felicità, ma ne è priva. Possa essere permeata dalla felicità e dalle sue cause!
3. Questa persona vuole la felicità, ma ne è priva. Farò tutto quello che posso perché sia permeata dalla felicità e dalle sue cause!

Adesso coltiva i tre livelli della compassione:

1. Questa persona vuole la felicità e non vuole la sofferenza e tuttavia è colpita da un grande dolore. Se solo potesse essere liberata dalla sofferenza e dalle sue cause!
2. Questa persona vuole la felicità e non vuole la sofferenza e tuttavia è colpita da un grande dolore. Possa essere liberata dalla sofferenza e dalle sue cause!
3. Questa persona vuole la felicità e non vuole la sofferenza e tuttavia è colpita da un grande dolore. L'aiuterò a liberarsi dalla sofferenza e dalle sue cause!

Adesso coltiva un impegno assoluto:

1. L'esistenza ciclica è un processo guidato dall'ignoranza.
2. È, dunque, realistico che io mi adoperi per raggiungere l'illuminazione e per aiutare gli altri a fare altrettanto.
3. Quand'anche dovessi farlo da solo, libererò tutti gli esseri senzienti dalla sofferenza e dalle sue cause e li unirò alla felicità e alle sue cause.

Porta l'attenzione sugli individui, uno alla volta – prima gli amici, poi le persone neutre e infine i nemici, cominciando da quelli meno aggressivi – e ripeti queste riflessioni in relazione a tutti loro.

Lasciarsi assorbire dall'amore ultimo

1. Come già hai fatto in precedenza, pensa all'obiettivo del tuo ragionamento – l'«io» intrinsecamente fondato – ricordando o immaginando una situazione in cui ci hai creduto fortemente.
2. Osserva l'ignoranza che sovrappone l'esistenza intrinseca e identificala.
3. Concentrati in particolare sulla considerazione che, se tale fondamento intrinseco esiste, l'«io» e il complesso mente-corpo dovrebbero essere o la stessa cosa o diversi.
4. Poi rifletti profondamente sull'assurdità delle affermazioni secondo cui il sé e mente-corpo sono o la stessa cosa o diversi, vedendo e sentendo l'impossibilità di tali affermazioni:

   UNITÀ
   - L'«io» e mente-corpo dovrebbero essere completamente e in ogni aspetto una sola cosa.
   - In tal caso affermare un «io» non avrebbe senso.

- Sarebbe impossibile pensare al «mio corpo», alla «mia testa» o alla «mia mente».
- Nel momento in cui la mente e il corpo non esistono più, neppure il sé esisterebbe.
- Poiché la mente e il corpo sono plurali, anche i sé di una persona sarebbero plurali.
- Poiché l'«io» è solo uno, anche la mente e il corpo sarebbero uno.
- Come la mente e il corpo sono prodotti e si disintegrano, così bisognerebbe affermare che l'«io» è prodotto intrinsecamente e si disintegra intrinsecamente. In tal caso né gli effetti piacevoli delle azioni virtuose né gli effetti dolorosi delle azioni non virtuose ci porterebbero frutti, o noi sperimenteremmo gli effetti di azioni che non abbiamo commesso.

DIFFERENZA

- L'«io» e mente-corpo dovrebbero essere completamente separati.
- In tal caso dovrebbe essere possibile trovare l'«io» dopo avere liberato il campo dalla mente e dal corpo.
- L'«io» non avrebbe le caratteristiche dell'essere prodotto, del perdurare e del disintegrarsi, il che è assurdo.
- L'«io» dovrebbe essere solo un prodotto dell'immaginazione o essere permanente, il che è assurdo.
- L'«io» non avrebbe alcuna caratteristica fisica o mentale, il che è assurdo.

5. Non trovando un tale «io», decidi fermamente: «Né io né nessun'altra persona siamo intrinsecamente fondati».
6. Decidi: dal profondo del mio cuore devo cercare di andare oltre questo ciclo di sofferenza causato dalla convinzione erronea che l'impermanente sia permanente.

Poi concentra l'attenzione su un amico e, mentre ricordi il processo rovinoso dell'esistenza ciclica, considera quanto segue:

1. Come me, questa persona è persa in un oceano di comprensione erronea del «sé» come intrinsecamente esistente alimentato da un grande fiume di ignoranza che considera erroneamente il corpo e la mente intrinsecamente esistenti e agitato dai venti dei pensieri e delle azioni controproducenti.
2. Come chi scambia il riflesso della luna sull'acqua per la luna stessa, questa persona scambia l'apparenza dell'«io» e di altri fenomeni per la prova del fatto che esistono in sé e per sé.
3. Accettando tale falsa apparenza, questa persona è inesorabilmente portata alla bramosia e all'odio, che le fanno accumulare karma e la fanno ripetutamente rinascere in un ciclo di sofferenza.
4. Attraverso tale processo questa persona arreca inutilmente dolore a sé e agli altri.

Adesso coltiva i tre livelli dell'amore:

1. Questa persona vuole la felicità, ma ne è priva. Come sarebbe bello se potesse essere permeata dalla felicità e dalle sue cause!
2. Questa persona vuole la felicità, ma ne è priva. Possa essere permeata dalla felicità e dalle sue cause!
3. Questa persona vuole la felicità ma ne è priva. Farò tutto quello che posso perché sia permeata dalla felicità e dalle sue cause!

Adesso coltiva i tre livelli della compassione:

1. Questa persona vuole la felicità e non vuole la sofferenza e tuttavia è colpita da un grande dolore. Se solo potesse essere liberata dalla sofferenza e dalle sue cause!

2. Questa persona vuole la felicità e non vuole la sofferenza e tuttavia è colpita da un grande dolore. Possa essere liberata dalla sofferenza e dalle sue cause!
3. Questa persona vuole la felicità e non vuole la sofferenza e tuttavia è colpita da un grande dolore. L'aiuterò a liberarsi dalla sofferenza e dalle sue cause!

Adesso coltiva un impegno assoluto:

1. L'esistenza ciclica è un processo guidato dall'ignoranza.
2. È, dunque, realistico che io mi adoperi per raggiungere l'illuminazione e per aiutare gli altri a fare altrettanto.
3. Quand'anche dovessi farlo da solo, libererò tutti gli esseri senzienti dalla sofferenza e dalle sue cause e li unirò alla felicità e alle sue cause.

Porta l'attenzione sugli individui, uno alla volta – prima gli amici, poi le persone neutre e infine i nemici, cominciando da quelli meno aggressivi – e ripeti queste riflessioni in relazione a tutti loro.

Letture consigliate

Sua Santità il Dalai Lama, Tenzin Gyatso, *Benevolenza chiarezza e introspezione*, trad. it., Roma, Ubaldini, 1985, a cura di Jeffrey Hopkins ed Elizabeth Napper.

–, *Il senso dell'esistenza*, trad. it., Milano, Rizzoli, 1997, a cura di Jeffrey Hopkins.

–, *Il sutra del cuore. Riflessioni sulla natura dell'uomo e sulla felicità*, trad. it., Milano, Sperling & Kupfer, 2003.

–, *La strada che porta al vero*, trad. it., Milano, Mondadori, 2004, a cura di Jeffrey Hopkins.

–, *Lungo il sentiero dell'illuminazione*, trad. it., Milano, Mondadori, 2006, a cura di Jeffrey Hopkins.

–, *La via dell'amore*, trad. it, Milano, Mondadori, 2007, a cura di Jeffrey Hopkins.

Hopkins, Jeffrey, *Buddhist Advice for Living and Liberation: Nagarjuna's «Precious Garland»*, Ithaca, N.Y., Snow Lion Publications, 1998.

–, *Cultivating Compassion*, New York, Broadway Books, 2001.

–, *Emptiness Yoga*, Ithaca, N.Y., Snow Lion Publications, 1987.

–, *Meditation on emptiness*, Londra, Wisdom Publications, 1983; edizione riveduta e corretta: Boston, Wisdom Publications, 1996.

Nagarjuna e Kaysang Gyatso, *La preziosa ghirlanda e il cantico delle quattro consapevolezze*, trad. it., Roma, Ubaldini, 1976.

Rinchen, Geshe Sonam, e Ruth Sonam, *The Yogic Deeds of Bodhisattvas: Gyel-tsap on Aryadeva's Four Hundred*, Ithaca, N.Y., Snow Lion Publications, 1994.

Shantideva, *La via del Bodhisattva*, trad.it., Pomaia, Chiara Luce Edizioni, 1999, a cura di L. Vassallo.

Tzong Khapa, *The Great Treatise on the Stages of the Path to Enlightenment*, 3 voll., Ithaca, N.Y., Snow Lion Publications, 2000-2004.

"Ripongo la mia speranza nel cuore dell'uomo"

DALAI LAMA
Autobiografia spirituale

MONDADORI

**NOVITÀ
IN LIBRERIA**

OSCAR SPIRITUALITÀ

Una guida alla felicità come meta raggiungibile.

DALAI LAMA
IL NOSTRO BISOGNO D'AMORE

OSCAR MONDADORI
SEMPRE CON TE

OSCAR SPIRITUALITÀ

Consigli per vivere bene
e morire consapevolmente.

OSCAR MONDADORI
SEMPRE CON TE

OSCAR SPIRITUALITÀ

Aprire il cuore e la mente, per raggiungere la saggezza e l'illuminazione.

OSCAR MONDADORI
SEMPRE CON TE

OSCAR SPIRITUALITÀ

Una piccola guida spirituale da tenere sempre accanto.

DALAI LAMA
I CONSIGLI DEL CUORE

OSCAR MONDADORI
SEMPRE CON TE

OSCAR SPIRITUALITÀ

Vita, morte e rinascita: riflessioni sul ciclo delle esistenze.

DALAI LAMA
SAMSARA
La vita, la morte, la rinascita
OSCAR MONDADORI

OSCAR MONDADORI
SEMPRE CON TE

OSCAR SPIRITUALITA

Conversazioni sul buddhismo
e sulla vita.

OSCAR MONDADORI
SEMPRE CON TE